森の中の小さなテント

山下大明

野草社

森の中の小さなテント

山下大明

雨

メザシを焼きながら、「今日はあったかい雨だったなあ」とつぶやいていた。思えばここ数日、絶え間なく雨が降り続いていた。雷をまじえて激しく降った日もあれば、霧雨が森の樹々を包み込んでいた日もあった。今は、樹の枝や葉っぱの先で霧雨がしずくとなって、ときどきテントに落ちるだけ。食事を終えてコーヒーを飲みながら、今日の午後出会った二人連れのことを思い出した。

その二人は、激しい雨の中を雨具もつけずに下っているところだった。「縄文杉に会ってきました」と弾んだ声がして、嬉しそうに笑みを浮かべた二人の顔は生き生きと輝いて見えた。ずぶ濡れになりながらも、少しもそれが嫌だと感じていないようすで、むしろ雨に濡れることを楽しんでいるようだった。まわりのヒメシャラやヤマグルマからは、水がまるで滝のように長い筋となって流れ、幹を伝ってほとばしるその音にすっぽりと包まれた私たちのからだもまた、ヒメシャラ

のように水が流れていた。

「雨ってあったかいんですね」と声がして、「ほんとにあったかい雨ですね」と応《こた》えた。

生きている水の流れをからだいっぱいに感じながら森を見上げると、水滴が森の中からつぎつぎと生まれては落ちてきた。そして、「生まれたての生命たち」と自然に思えた。二人は雨に育《はぐく》まれた森の中を歩き、縄文杉という生命に会うことで、育み育まれるという流れの中に自分たちもいるのだという想いを強くしたのではないだろうか。

私たちはもう雨に降られながら歩くということをしなくなった。雨に濡れるということは、ほんとうはとても大切なことなのに。からだがずぶ濡れになって初めて気づくことがある。それは自分の中で忘れている、水のあたたかさや深さを思い出すことなのだと思う。

乾燥した都会のビルの中にいると、からだが水を求めているような

渇きを覚えることがある。雨が降ったからといってずぶ濡れになれるわけでもなく、雨水から隔離されたビルが林立する都市という名の人工林では、雨水に濡れることも濡れさせることも嫌がっているようだ。そこに住む私たちは、今では雨水に濡れないで生活できることが快適な都会の暮らしだと思うまでになり、それとひきかえに水のあたたかさや深さを忘れ、その流れの中から離れてしまった。二人はきっと、雨に濡れることで水の深さに気がついたのだろうなと思った。

　それにしても、カラ梅雨だとばかり思っていた今年の梅雨も、やっといつものように大粒の雨が降りはじめ、森もみずみずしさを取り戻してきた。テントから外に出てみると、深い霧に包まれて高塚《たかつか》の夜の森がそこにあった。

森の中の小さなテント

雨はやんでいないな、と浅い眠りの中で思った。地面から水の流れる音が伝わってくると、雨の森をからだ全体で感じているような気がしてくる。テントのまわりに水はけ用の溝を掘らないようにしているので、土砂降りだと雨水がテントの下を流れて、寝ている背中がフワフワすることもある。今朝はそれほどではないけれど、外のようすをうかがうと、そのまま眠っていたくなるほど雨が降っていた。

天気は一週間ほどぐずついていて、そろそろ外に出るのが嫌になってきている。目が覚めた明け方から、ザザッーと風とともに雨粒がテントに落ちてくる音がして、今日は一日寝てようかなとシュラフからからだを半分出して、そう思ってみた。

テントの中で雨の音を聞いているのは、とても気分がいい。だからそう決めてしまうと、ちょっと嬉しい。天気図を描《か》くにはまだまだ時間があるので、からだを起こして携帯燃料のブタンガスに火をつけ、

目覚ましのコーヒーを淹《い》れることにした。インスタントのものしか持って上がれないけれど、朝はどうしてもコーヒーが飲みたくてしょうがない。雨除けのフライシートの出入口をちょっと開けて、雨に濡れて光っている森の樹々を見ながら飲むコーヒーの味は、ネルドリップで淹れた以上の味がする。

　雨の日は沢の水も濁っているので、フライシートを伝って流れる水を集めて飲み水にする。こうするほうがきれいな水が集まるので、雨の日はいつもこの方法だ。ペットボトルに水を詰め終えるとテントの隅に寝かせておき、ときどき表面についた水滴をタオルで拭《ぬぐ》ってやるとテントの中が湿らずにわりと快適だ。ふたつあるコッヘル*のうちの大きいものにも水を溜めて、その上澄みを使っている。なにはともあれ、水を溜め終わるとホッとする。

　もう一杯コーヒーを淹れて、手帳に今まで撮影したものを整理して

おく。頭の中がはっきりしてくるから、これはわりと大切なことだと思っている。山からおりて見なおしてみると、くだらないことも書いているけれど、森の中ではいろいろなことをたくさん考えているんだなあと思う。

一人でいるのにちょうどいいぐらいのテントの中で、あぐらをかいたり、膝を抱いたり、仰向《あお》けになったり、俯《うつぶ》せになったり、寝袋に入ったり出たり、そして眠ってしまったり。目を覚まして、降ってると思って、またまた寝てしまう。そんな一日を、今日は過ごしてしまいそうな気がする。

*コッヘル……主に登山やキャンプで煮炊きの容器やカップ、皿代わりに用いる軽量の携帯炊事用具

出会い

最近は登山や観光で島を訪れる人も多くなって、森の中や稜線《りょうせん》で人に出会うということが、そんなに珍しいことではなくなってしまった。以前は稜線ではもちろんのこと、白谷雲水峡《しらたにうんすいきょう》やヤクスギランド辺りでも観光客や登山者に出会うのはごくまれだった。たまに森の中で行き合ったりすると、その人の顔が、人に出会えてホッとしたという表情になるのがよく分かった。そして、ちょっと言葉をかわして、またそれぞれに歩いていくのが自然なことだった。かわす言葉は、「どちらからですか?」といったありきたりの言葉で、同じ日に同じ森の中を歩く人がいるというだけでお互い嬉しくて、言葉はそのぐらいでちょうどよかった。

見知らぬ人なのに、同じ森の中にいるというだけで親しい気持ちになれるのは、とても嬉しいことだ。そして出会う人は、たいてい一人か二人連れということが多かった。それがいつの頃からか、出会う人

数も回数も多くなってきて、今は森の中ですれ違っても、ホッとしたような表情を見せてくれる人はいなくなった。みんな五、六人のパーティ、あるいは十人とかそれ以上の団体で、森の中に一人でいることはもはや望めないほどの人数になっている。以前、行き合った人たちが見せてくれたホッとしたような仕草は、一人で森の中にいて、樹の姿や水の流れる音などを見たり聞いたりしているうちにすっかり森の中に溶け込んで、それが人に出会うことで我に返るというか、ひと息つけたというか、そんな感じだった。

森を歩いていると、いろんなことを考える。森に考えさせられているると言ってもいいかもしれない。大袈裟かもしれないけれど、自分はこれからどう生きていくのかといったことを歩きながら考えていたりする。いろんな情報や知識に躍らされているから、かえってそのことが分からなくなる。そのようなあやふやな気持ちのままで森の中を歩

いていると、森のほうからいらないものを剥《は》ぎ取ってくれる。そして気がついてみると、いろいろな樹々を身にまとって生きている樹の姿が、たとえばその時の答えだったりする。

森の中でさまざまな生え方をして生きている樹や、複雑に繋がりあって生きている森そのものを見ていると、どう生きていくかという問いに対する答えの糸口が、その中に確かに潜んでいる。一人とか二人で静かに歩いていると、そのような糸口に出会えるのだと思う。そうした出会いがあった人の見せるホッとした表情は、とてもいい。最近、そんないい表情の人に出会えずにいるのは、ちょっと淋しいし、ちょっと危険な気がしている。

シカ道

シュラフにもぐり込んではみたものの寝つけない。そんな夜がたまにある。昼間の疲れが心地よい眠りを誘うけれど、今夜はかえって目を冴《さ》えさせてしまったようだ。

目をつむったまま外のようすをうかがう。さきほどシカの足音がしていたのは、たぶん森の侵入者のようすをうかがっていたのだろう。夜の静寂《しじま》にシカの声がする。それが、樹と話をしているように聞こえる。警戒している声ではないようだけれど、ぼくのことを何と伝えているのだろうか。

そういえば、シカにはずいぶんお世話になっている。森の中の歩きづらい場所では、自然とシカ道を探して歩いているからだ。シカにとってはとても迷惑なことだろう。変な獣《けもの》の臭いが自分の道についているのだから。でも、シカ道はとても歩きやすい。森の中のどこを歩けばいいのか、シカは教えてくれている。重なりあった倒木やら藪《やぶ》に行

く手をはばまれても、じつにうまくシカはそれらを乗り越え、くぐり抜けながら歩いている。そして、うまい具合に雨露をしのぐ場所さえ確保してある。もちろん食物を見つけようとして歩いているのだろうけれど、やみくもに歩いているわけではなく、森の中の状況をよく知って歩いていることがうかがえる。森の中につけられたそのようなシカ道は、とても美しい。

眠れないので縄文杉まで行ってみようと思い、長靴をはいて外に出た。外は煌々《こうこう》と月が照っていてスギやハイノキが青白く輝いている。昼間の森にはない何かを感じながら道を歩いていくと、森の闇の中から縄文杉の姿がくっきりと浮かび上がっていた。立ち木にもたれ、しゃがみこんで青白く輝く幹をながめていると、縄文杉が森の闇を背負っているように見えて、いいなあと思った。森のいのちは土からも生まれ、そして夜の闇の中からも生まれると感じていたから……。

都会は闇をなくしていくばかりで、夜を夜として過ごせない樹でいっぱいなんだろうなあと思う。そして、ぼくらも身近に闇がなくなって、月の光をからだに浴びることもなくなった。土砂の流出を防ぐために敷き詰められた木片が目の前に広がり、そして、縄文杉を取り囲むようにヤマグルマ、ヒメシャラなどの木が育っている。森を手放した都会では流れ出る土もいのちも、もう涸《か》れてしまうにちがいない。

耳をすませば沢から水の流れていく音がする。静かだ。森が押し黙っている。たくさんのいのちが黙《もく》している。人の思惑ばかりが耳に入ってくるせいだろうか。

森の音

「森の中に独《ひと》りで何日もいて怖くないですか？」と尋《たず》ねられることがある。独りで森の中にいても怖いと思ったことがないので、いつも返事に困ってしまう。どうも子供の頃の体験が、森の中で怖いと感じる恐怖心を和《やわ》らげてしまったのではないかと思う。

生まれ育ったところは鹿児島県の東郷町という川内《せんだい》川の中流域の町で、シイやカシの照葉樹の森がまだたくさん残されていた。それで子供心に、森って暗いところだという印象を持っていた。当然、森は遊び場だったし、そこから流れ出る小さな川は泳ぎ場所になっていた。

遊び疲れて、ふと気づくと、辺りに夕闇が忍びよっていて、仲間の中で最後にならないように、そして、その気配に追いつかれないように、足ばやに家に帰った記憶が残っている。だから、最初は怖いという気持ちはあったにちがいないけれど、年を追うごとに親しい大人の人から森のよさを教えられ、知らず知らずのうちに、いつでも森の中

にいられるようになったのだと思う。
森の中に長くいると、音に敏感になる。こうして今も森の中にいると、いろいろな森の音が聞こえてきて、耳がもう立派に、ひょいとその方向に向いてしまうような気がする。水の音や、樹の音、雨や風の音などが、テントの中にいても飛び込んできて、それが雨の時や晴れや曇りの時に、音が微妙に違う。沢の水音にしても聞こえ方が違う。
都会の喧騒《けんそう》の中で耳は日々鈍《にぶ》くなってきているのだなあと思う。人と会って話す時、まわりの音に負けまいと、ついつい声を大きくしている。それでも、「小さな声なんですね」と言われる時もある。なんだかもう、大きな音しか聞き分けられないのじゃないかと、変な心配までしてしまう。
静かな森の中にいると、耳の聴力が本来の力を取り戻すのではないだろうか。そして、もしそうだとしたら、ぼくは、あの子供の頃の体験をもとにして、この屋久島の森の闇の中にいるような気がする。昼間のように、いつも明るい都会の夜に慣れたからだに森の闇がなじんでくると、音はからだを通して感じられる。そんな感覚になっているから、いつもより多くの小さな音までが届いてくるのだと思う。

今はもう、生活の場に森や林がなくなって、からだを通して感じていたものが断ち切られていく状況にある。闇がなくなっていくのと同じように目に見えないかたちで、自然の奏《かな》でる音も見えなくなっていくんだろうなあ。

水音

森の中を歩いていると、いろいろな音が聞こえてきて、いつも独りのぼくにはそれが嬉しかったりする。人によってはそれだから森の中は怖いと思っている人もいるようで、そのような人にとっては、ましてや夜独りなんて、とんでもないことなのだろう。

聞こえる音の中でも鳥の鳴き声はとても美しく、気持ちが洗われるものだ。山道でザックをおろして汗を拭いているとミソサザイが、誰だろう？　という感じで寄ってくる。そのままじっとしていると、澄んだきれいな鳴き声を数十秒間聞かせてくれる。ひと鳴きがそのくらいの長さで、枯れ枝に飛んだり倒木の穴の中に入ったりしながら、何回も鳴いてくれるものだから、ミソサザイがそばにやってくると立ち上がるタイミングを見はからうのが難しい。

子育ての頃はあまり鳴かないようだけれど、警戒しているのかというとそうでもないらしく、寄ってくることに変わりはない。じっとし

ているとヒナの糞《ふん》をくわえて姿をあらわしたりする。その巣がびっくりするほど目の前にあったりして、こちらがかえって気をつかったりする。人の通り道のすぐ脇だったりするとイタチやヘビに狙われにくくなるのかもしれない。土埋木《どまいぼく》の中や伐り株の中、ミヤコダラの太い幹と、どれも直接雨が降りかからないような場所だったりする。じっとその巣を見ていると、緑のふかふかのコケでつくられたそれは、着生して育っている木と同じように、安心して根を下ろしているかのようだった。

　鳥の鳴き声はいつでも耳にやさしく聞こえてくるけれど、沢の水音は嫌だという人は意外と多いような気がする。ほんの小さな沢でも白谷ほどの沢でも、頭を上流に向けて目をつむって横になっているだけで気持ちよくなってくる。実際、そうしていると水音だけでなく、なんだか分からない、いろんな音が聞こえてくる。それこそミソサザイ

もやってきたり、シカの声もする。

大雨の時、ヒメシャラの樹を見ていて、川の源流っていうのは空の上なんだと思った。ヒメシャラの幹を伝って流れる水が、土砂降りの雨を伝って空まで繋がっているように見えたから。

そんなことを思い出しながら沢の縁で寝転がっていたら、水って、たくさんの場所の音が集まった姿で流れているんだなと思った。たしかにいろいろな音が混じり合って水は流れている。それが怖いという人が多いのかもしれないけれど、ぼくはその音に、からだや心が解きほぐされていくのを感じる。

森の知恵

沢の音を聞きながら、ぼんやりとヤマグルマをながめていると、絡み合った根がスギや伐《き》り株を巻いて、根上がりしているような格好で大きくなっていた。樹は、土の中で幾重にもお互い根を絡ませ合いながら生きている。台風で倒された樹の根を見ると、まるで島そのものをがっしりと掴んでいたかのような張り具合をしている。だけど、屋久島の森の表土は薄いから、それだけでは足りないのだろう。だから土の中と同じように、地上でも根を縦横に張りめぐらせて踏ん張っている。地上で苔《こけ》むして絡み合った根を見ていると、地表にも表土があるんだなあと思えてくる。もとの表土が薄くても、全体に分厚い表土を森は創り上げているのだ。

　雨の多いこの奥岳でも何週間も雨が降らないことがあって、そんな時はコケも樹も何もかもが色褪《あ》せてしまっている。そして、待ちこがれた雨が降りだした夜、テントの中に遠くから雨音が伝わってくると

降りはじめる前から辺りがサワサワと揺れだして、その音が久しぶりの雨を歓んでいる樹の声のように聞こえる。そんな乾燥しきった森に久しぶりの雨が降ると、樹もホッとしているような表情に見える。だけど、森の中の表土を洗い流してしまうほど強い雨が降る時もある。だから森は分厚いコケで森を覆い、地表に根を這《は》わせ、表土の薄さを補っているのだろう。雨の多い森には、その森なりの知恵が潜んでいるように思う。

いつだったか、水が飲みたくなって縄文杉に近い沢で休んだ。そこでは、苔むした岩に倒木が重なったところから水が流れ出ていた。ザックをおろし、苔むした岩の間から湧き出すように流れる水を手のひらですくって飲むと、歩き疲れていたせいだろうか、ほんとうに水がうまいと思った。水が疲れたからだの隅々にまでしみわたり、ただ水の流れを聞いているだけでも疲れがとれていくようだった。

そんなよい気分に浸っていたのに、こともあろうか縄文杉を見物しにやってきた人たちのゴミなのだろうか、大量の弁当箱と清涼飲料水の空き缶が、沢の脇の倒木の間に押し込んであった。一部の人の心ない仕業《しわざ》であるにしても、その光景には何か悲しいものがあった。

以前、一緒に歩いた人たちとここで休憩した時、誰も沢の水を飲もうとしないし、缶ジュースを飲んでいる姿がぼくには奇妙に映った。私たちは森林浴とか健康にいいという理由で森の中に入るけれど、それはたんに森の恵みをいつも好き勝手に利用しているだけで、森の持っている深さや想いには気づくことができないでいる。なんとか、もっと深いところまで考えながら森とつき合っていけないものかと思う。

いのちを感じる時

屋久島の森の中で、じっとテントを張り続けてきて、我ながらいったい何をしているのだろうと呆《あき》れることがしばしばある。自分でさえそう思っているのだから、この何もない静かな場所で人に出会った時、相手の人に呆れかえられるのも仕方ないと思う。

まあ、歯を磨いたり顔は洗うにしても風呂には入れないため、からだはかゆくなるし、なんといっても頭がかゆくなってどうしようもなくなる。そんな時に里心がついて、もういい加減にして下山しようかな、なんて思う。だけど、雪をかきわけて沢の水で髪を洗ってしまうと、あと十日は大丈夫、頑張れると気力がまた湧いてくるから不思議なものだ。

そんなにまでしてもいたいこの森の魅力って、いったい何なのだろう？　と思う。樹の持っている生命力なのだろうか。生命力だけならこんなにも長いこと居続けてはいなかっただろうと思う。たぶん、そ

れは「死」という自分にとって一番シンプルな事実が、この森の中で最も豊かにいのちを育んでいるということが、なんとなく見えてきたからだと思っている。

死んで朽《く》ちていくものが、その上にまた新しいいのちを育む。そのような森のいのちの流れが途切れることなく続いていく。この森の中にいると、樹々は死をちゃんと見据えたうえで生きているのだと気づく。だからこそお互いが、それぞれ強靭《きょうじん》な生命力の中にやさしさを持ちえているのだと思う。屋久杉に取りついて絞め殺すと言われているヤマグルマにしても、ぼくにはとてもそうは見えない。お互いに、自分が生きているこの森のことを想っている樹なんだ。

「森の中でいのちを感じる時はいつですか？」と尋ねられることがある。森で一番いのちを感じるのは枯れている樹や倒木を前にしている時で、そのような姿を見ていると自然体で生き続けてきたその樹の想いが伝わってくるようだ。「台風で枝を折られようが倒れようが、いっこうにかまわない。枯れるということは土に還《かえ》っていくということで、それが森の豊かないのちを育むことなんだ」という声が聞こえてきそうな気がする。

今、私たちの暮らしの中ではそういう流れが見えにくくなっていてどのように老いていけばいいのか分からずに戸惑っている、というのがほんとうのところではないだろうか。島の森から出て都会という森の中に戻ってみると、そのような姿が見えてきて淋しい気がする。

豊かに朽ちていくことができなくなった森は、この先どこにいくのだろう。そこに住む自分は、「いのちを感じる時はいつですか?」という質問を受けた時、はたしてどう答えるだろうか。

森のリズム

　吹雪の日や大雨の時は、撮影するのにいろいろと気をつかう。屋久島の雪は湿雪《しっせつ》が多いのでレンズに降りかかった雪はすぐカメラに張り付くし、ちょっと油断しているとレンズやボディーの中にしみ込むこともある。そうなるとレンズは曇り、その中で凍りついてしまうこともある。だから一日じゅう、何度も何度も雪をはらったり、レンズを拭《ぬぐ》ったりする。だけど、自分の想い描いていたものやそれ以上のものに出会えたりすると、そのような手間がまったく苦にならなくなる。そして、テントに帰り着きホッとひと息つくと、テントの中のあたたかさがジワっとしみて嬉しくなってくる。

　しかし、山に入ってはじめの何日間かは、ホッとひと息つきたくて早くテントの中に入りたいという気持ちにとらわれる時がある。しかも、たいていは夕暮れ時にそのような気持ちになるような気がする。たぶん、それは都会の便利な生活に慣れたからだが森のリズムと釣り

合いを取れないせいで、とりあえずテントの中に逃げ込みたくなるのだと思う。薄っぺらな布地のテントだけど、この時ばかりは小さなテントがとても心づよく感じられる。実際、山に入って三、四日は、なんとなくからだも気持ちもこのような調子なので、森の深みや薄暗さに気持ちよく浸れるようになるまで、たっぷりと時間をかけるようにしている。きっと森の樹々も、都会のリズムのままの訪問者には、あまり素顔を見せたくないにちがいない。そして、そのようなからだが森のリズムに合うようになると、しだいに森の表情に目がとまるようになってくる。

稜線の樹々が見たくなって登っていった時も、夕暮れとか夜明けとか、時を違えながら毎日見ていたのだが、いつもはすっかり枯れてしまっている樹に目がとまるのに、その時は枯れているところと生きているところが半分ずつの樹に惹《ひ》かれた。何日もめずらしく晴れわたっ

た青空のもとで、そのような樹々ばかりを見て歩いていた。そして、その時ふと、生きるって、死と共に生きることなのだと思った。樹の姿がそう思わせたのだと思うけれど、身近な人が亡くなり、いつもより深く死というものを意識していたその時の気持ちと稜線の樹々とが、不思議な同調を見せたのかもしれない。

自分の中の死に気づき、それを見つめることで、一歩、大人に近づいたような気がした。そして、樹の持つ温もりにも少しだけ近づけたような気がした。

深い生き方

森は、空に向かって枝を大きく広げた樹が土に根を張り、何本も寄り集まってできている。ただそれだけなのに、その中にいると心が安らぎ、持ち続けていた迷いがなくなっていくのはどうしてだろう。このことはいつも森の中でふと湧き起こってくる疑問なのだけれど、いつもよい答えが見つけられずに、ただ森の奥深さに見惚《みと》れて、ぼんやりとした時間を過ごしてしまっている。

森の中を歩いていて、強い生命力で生き続けてきた樹が倒れ、朽ちていく姿を目にすると、当たり前のことだけれど、死は自分にもやがて訪れるということに気づく。水を含んだ緑色のコケに包まれた倒木にそれとなく教えられるのだけれど、そのことに気づいてしまうと、森の中の樹々たちのような深い生き方を、どうすれば自分もできるのだろうかと、朝、昼、晩いつでも樹を見ることになってしまう。森の中の樹を見ていると、生きるということは今の自分だけのことではな

くて、森全体のことや、その次の世代のことを想いながら生きていくことなんだなって分かってくる。

枯れた樹が倒れ、雨に濡れてその堅《かた》い幹がやわらかくなるまでにどのくらいの時間がかかるのだろうか？　もうその頃になれば、コケにすっぽりと包み込まれて、その上で芽生えた木がそこを住みかとして育っているだろう。倒木や伐り株の上で育っている樹々を見ていると、朽ちていくものとこれから育っていくものとが、途切れることのないいのちでほんとうにしっかりと繋がっているんだなあと思う。

深いため息をつきながら、森の中に満ちているものは都会のそれとはまったくと言っていいぐらい違うものなんだと思った。この森の中に湛《たた》えられている大気は、なにかしら森の中の生きものに深く関わっていて、樹々がそれを生み出し続けている。そして、樹間を満たしているだけではなくて森そのものを包み込んで守っているように思う。

森がひとつの生命体で意志を持っているものだとしたら、樹間を満たしているものでお互いの想いを伝え合っているのかもしれない。

一畳分のスペースの中で、寝袋にもぐり込んで樹や森のことを考えていると、何時間もテントの裏地をじっと見つめている時もあったりして自分ながらに呆れてしまうので、今夜はこのくらいにして寝てしまおう。

森の果実

森の中の花崗岩《かこうがん》の上で夜を過ごした。日中は風もなく、四月にしてはあたたかい日が続いていたので、テントの中より気持ちよさそうな気がしたからだ。二人分ほどの余裕しかない狭い場所なのだが、西側が開け、小杉谷《こすぎだに》が目の前に広がり、雲さえかかっていなければ宮之浦《みやのうら》岳をはじめとする御岳《おたけ》が見えるところである。

いつもはテントの中で眠るのだが、時には星を見ながら眠るのもいいものだ。一合の米を炊いて食べ、コーヒーを淹れて寝袋の中に入った。小さなポケットコンロの炎が消えてしまうと、とたんに真っ暗闇のような静けさに包まれた。雲が広がっている夜空に月の居場所を探していると、森の匂いがしてきた。森が、また新緑の季節を迎えている。里では、木の芽流しの雨に萌《もえ》黄《ぎ》色《いろ》の花が濡れていたのが昨日のことのように思われるのに、キブシやアオモジの木には、もう深緑の実が揺れている。移りゆく時の速さに少し戸惑いながら、背後から流れ

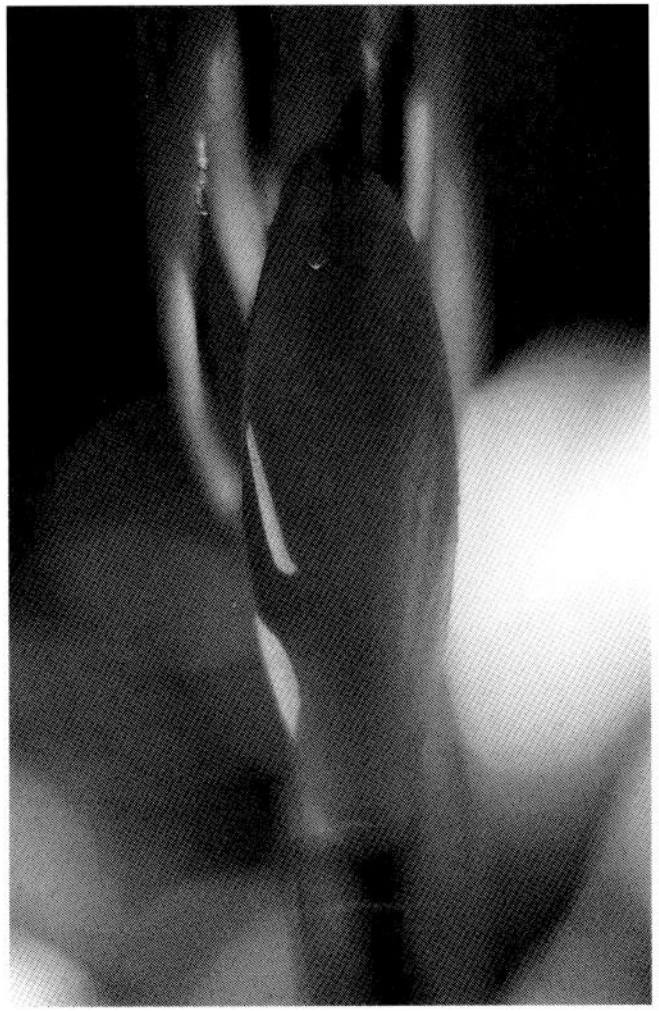

てくる森の匂いに包み込まれた。このわずかな月明かりの中で花を咲かせている樹があるのだ。そう思うだけで、なんだか森そのものが花を咲かせているような気がした。森が生み落とす果実は、いったいどんなものなのだろう。

十七歳の時、大人というものがよく分からなかった。その時の自分の目には、大人はやることが汚いと映っていた。でも、あと三年で自分も大人と呼ばれるようになる。その大人の仲間入りをするという不安と、なりたくないという葛藤《かっとう》を抱えながら屋久島の森を歩いた。そして、朽ちていく倒木にたくさんの生命が育っているのを見て、「あ、屋久島の森の中にはほんとうの大人がいる」と思って胸が熱くなった。それから三十年近くも森を歩き、たくさんの大人との出会いがあった。森に大人を探しにきた時に出会った、朽ちていく倒木。私にとってそれは、森が生み落とした果実そのものだったと思う。

からだを起こし、冷めてしまったコーヒーを温めなおした。花崗岩の上を吹きわたる風がやさしく感じられ、はじめて森を歩いた時の風を思い出した。そして、深い森の中で白骨樹《はっこつじゅ》と出会った時の記憶が甦ってきた。

稜線の白骨樹と同じように、伐られることなく生き抜いた屋久杉を森の中で見てみたいと思っていた。森の中では、伐り株や伐ったあとの倒木と出会うことはあっても、生ききった屋久杉と出会うことはなかった。そのような願いを抱きながら歩いていた時、森の中の白骨樹と出会うことができた。まだ細かい枝まで残っているから、最近まで生きていたのかもしれない。ゆるやかな斜面に根を張り、数千年生きてきた屋久杉が白骨樹となって目の前に立っている。枯れていても、たくさんの木がそこで生き続けている。もちろん、その中にはヤマグルマも根を下ろし、抱きついていた。

空洞の中に入ると、フワリとした感触が足に伝わってきた。数千年を生ききるために削《そ》ぎ落としたものが空洞の中に積もっていたのだ。それは時間の積み重なりであり、生命の積み重なったものでもあると思う。外に出て、あらためて森の白骨樹を見上げてみると、途切れることのない生命の流れがそこにあった。はじめて森を歩いた時に出会った倒木と同じように、森が生み出した果実、ほんとうの大人そのものに思えた。

湿原《しつげん》

八月末から十一月末まで三カ月間尾瀬《おぜ》にいて、湿原って、いったい何なんだろう？　と考えていた。そして、尾瀬ヶ原の木道《もくどう》を歩きながら、屋久島の森とは、どう違うのだろうか？　と思った。見晴《みはらし》のテント場から牛首《うしくび》へと向かう木道を歩き、きつね色に染まった湿原を冷たい風が吹きわたっていくのを目で追いながら、この湿原は六千年ぐらいの年月がかかってできていることを思い出した。まるで樹木の年輪のように泥炭《でいたん》が積み重なってできていて、その層の厚みは一年に一ミリほど増していくのだそうだ。そう考えると、この湿原そのものが、ひとつの生きものに思えてくる。

中田代《なかたしろ》十字路を過ぎて歩いていくと、そこここに池溏《ちとう》*があらわれる。その池溏をよく見てみると、それぞれの水面の高さが違っている。高層湿原*に移行するにつれて、池溏は地下水脈と切り離されて天水《てんすい》に頼るしかなく、それぞれが独立したひとつの宇宙を湿原の中に形づくっ

ている。池溏の水も、澄んでいるもの、濁っているもの、それぞれだし、そこに棲《す》む水性植物も違っている。何も棲んでいないもの、オゼコウホネだけとかヒツジグサだけの池溏もあり、そのふたつが入りまじっているものもある。長い時間の流れの中で形づくられてきたこの湿原は、さまざまな姿形の池溏を抱え、たくさんの植物を育み続けてきた。

目の前に広がっている枯れた湿原の風景の底に、屋久島の森の中で感じていた、森の中で倒れ、朽ちて土に還《かえ》るということは、次にいのちを手渡すことという、生きているものたちの生の在り方が、ここにもしっかりとあるように思えてくる。湿原で枯れて倒れるということは、湿原という大きないのちに還っていくことなんだと思えた。

秋、湿原に還り、冬、湿原となり、春、その湿原からまた生まれ出る。湿原は、見えないところにたくさんのいのちを抱えて生きているんだと思いながら、コツコツと靴音を響かせながら木道を歩く。

屋久島の森の中では土と樹冠《じゅかん》の間にたくさんの植物たちが息づいていて、その濃密なまでの生の有様をつぶさに目にすることができる。たった一本の樹にさえ、たくさんの植物が生い茂り、そこを住みかとして生きている。その集まりが森であって、そこでは生きているものたちの生の営みが複雑に展開されている。

最初の頃、尾瀬を歩きながらそのような森を見続けてきたぼくには湿原の風景がとても単調に見えた。だけど、この枯れた湿原の底に育まれているものを思うと、屋久島の森と同じような、植物たちの濃密な生の息づかいが聞こえてくる。あの雪解けからはじまる、爆発的とも思えるような湿原の芽吹きは、そこが森と何も変わっていないことを教えてくれる。

森も湿原も同じようにたくさんの生きものを抱えて生きている。目に触れないからその数が少ないわけではなく、気候や場所によって抱え込み方が違っているだけなんだ。それがそのまま、その場所の個性になっているんだと思った。

*池溏……湿原に点在する小池
*高層湿原……主に植物の未分解の枯死体から成る泥炭の堆積が、周囲の土地の地下水面よりも高い位置で行われている湿原

新月

夕方、焼野《やけの》のテントサイトまで登ってきて小さなテントを張った。ここで新月と白骨樹と呼ばれている枯れ木の撮影をしたいと思っていたからだ。張り終えたばかりのテントには、もう夕方の空の色が映っている。宮之浦岳から伸びてきている尾根の露出している花崗岩の上から西の空をながめると、雲もなく澄みわたった空が広がっている。「うん、今回は大丈夫そうだ」と独り言をつぶやきながらカメラを取り出し、撮影の準備をする。

新月が永田《ながた》岳の左の肩にかかっているのが見える。やがて太陽が沈み、稜線がオレンジ色に輝く頃、細い月は輝きはじめた。ぼくにはその位置がまるで昼と夜との狭間《はざま》のように見えて、夕闇って、あのぐらいの暗さのことをいうのだろうかなどと思いながら、一枚シャッターを切った。

風もないのに、ヤクザサがちりちりと音をたてている。目を凝《こ》らし

て何度も風を見ようとするのだけれど、見えない。でも、ちゃんとササの音が聞こえてきている。ささやかではあるが、からだを包むように鳴っている。しかも稜線の、すべてのササが鳴っているように感じられる。

森や稜線に独りでいることに慣れているとはいっても、ときどき気持ちが変な状態になる時がある、それは決まって夕暮れ時だ。だからといって、それが嫌だということではない。今日は、夕闇の中でたっぷりと新月の光を受けているせいで、ハイな状態になっているのかもしれない。月には、そんな不思議な力がありそうだ。

そのようなササ叢《むら》の中を歩いてスギの枯れ木の前に立った。すべて枯れているわけではなく、枝の何本かに緑の葉がついている。よく見てみると、ほんのわずかな樹皮だけで根と繋がっているのが分かる。生きているけれど枯れている、と言ってもいいぐらいの樹。そのよ

うな樹の前に立って、芽生えた時から今までの樹の姿を思い描いてみる。いったいどのくらいの時間、ここに立っているのだろうか。小さな樹が、台風や身を凍らせる冬の北西風にさらされている姿を思い浮かべてみた。大きくなってたくさんの木々を着生させ、そして枯れていく姿。そして、着生して生きていた木々もやがて枯れてしまう。そのようなさまざまな生き方を思い描いた。

樹はそれぞれ、お互いに生き方を認め合っている、そんなふうに思える。夕闇の中で生きながら枯れていく樹が、「大人への道はお互いを認め合うことからはじまるのだよ」と言っているような気がした。夕闇の最後の光の中でシャッターボタンを押して、今日はテントに戻ることにした。

枯れ木に呼ばれる

枯れ木に呼ばれる、というようなことがあるのだろうか？　稜線の秋も、もう終わりに近づいている頃、吹いてくる風も冷たく感じられる十一月半ば、夕暮れのササ原を歩いている時にそう感じた。振り返ってみても人などいるはずもなく、ただ、スギの立ち枯れがそのササ原に何本も立っているだけだった。

その日の午後は投石《なげし》のテント場から歩きだして、のんびりとスギを見てまわっていた。晩秋とはいえ陽射しはまだ強く、ヤクザサをかき分けながら斜面を登っていると汗だくになるほどだった。そして、からだについたダニを取りながら枯れ木を見て歩いていた。いつ枯れてしまったのか、まるで見当もつかない枯れ木が、青空をバックに突っ立っている。まだ枝を残しているものもあれば、幹だけというものもかなりある。そのどれもが雨や風に磨かれて、硬く、銀色に輝いていて眩《まぶ》しいぐらいだ。

ここで生まれてここで育ち、そして、この場所で枯れていく樹々を見ていると、豊かな森とはどんな森なのか、しだいに見えてくる。老いた樹もそうだけれど、枯れた木を見ていると、自分のこれからの歩き方が見えてきて気持ちが鎮《しず》まるのが分かる。

樹としては、こんなに高い場所で生きていくのはたいへんなことなのに、何百年と生き続けてきた樹がここにはたくさんある。ササ叢の中で、銀色のコケに包まれて倒れている枯れ木がある。生育環境が厳しい稜線でも、樹の上で次のいのちが生きている。

そのような確かな姿を見ていると、ここで生を全うした樹があるということが、どのような場所であろうとも生きていけるという安心感を与えているように思える。次を担う樹々にとって、そのことは何ものにもまさる宝にちがいない。

枯れて立っている樹の、その幹のすべすべとした肌に触れ、いく筋

もの深いしわを手のひらに感じた時、ここで生き続けてきたものの確かな存在感を感じた。もっと足を止めて、ゆっくりと自分を見つめたいと思いながらも、急《せ》かされながら今を生きている自分は、少しもからだの中に固い骨をつくれずにいる。それにしても、こんなにも堅い幹を内に秘めていたなんて……。

　昼間は枯れ木を見て歩き、その場所から動くことのない樹の存在感と温もりを写したいと思った。そして、いろんなことを思いながら夕暮れまで待っていたので、枯れ木に呼ばれたような気がしたのかもしれない。

樹の姿

「寒んかー」と思わず声に出してしまうくらい、屋久島では冷え込む時がある。それが奥岳の稜線ともなれば、ことのほか寒さも身にしみる。そんな時分の二月、奥岳の稜線に二週間ほどいた。入山した時、雪は十センチほど残っているだけで、淀川《よどごう》から楽に投石のテント場まで歩いて行くことができた。昨日の夜、天気図を描いていると奥岳に相当な量の積雪を期待できそうだったので、今日のうちに稜線まで登っておこうと思い、歩いてきた。そうしないと霰《あられ》の降り積もった新雪は、独りで登る者にとって、とても手強《ごわ》いものになるからだ。

予想どおり、夜から北西の季節風が強まり、今年何度目かの寒気に奥岳は包まれはじめた。シベリヤ寒気団の強さからして、一週間は寒気に包まれるだろう。外に出ると、ライトに浮かび上がった白い霧がドーンとぶつかってくる。屋久杉もシャクナゲも、みんなその風に身をねじ曲げられ、葉を煽《あお》られながら揺れ続けている。

雪が降りはじめてから四日目、今朝もザーッという音で目が覚めた。積雪もすでに五十センチを超えている。外をうかがうと霰が激しく降っていて、樹や木の葉の上で弾《はじ》けている。今朝の天気図では、富士山頂の気温は氷点下二十八度で、雪が降るのにとてもよい気温だ。これからも、まだまだ霰は降り続くだろう。

コーヒーを飲み、ぼくは身仕度をして外に出た。黒味《くろみ》岳の斜面に目をやると、ちょうど雪煙《せつえん》が舞い上がっているところだった。辺りを見まわすと、ヤマグルマも屋久杉も、みんな凍りついていちだんと真っ白になって立っている。だけど、激しく風が当たっているわりに、樹はもうわずかしか揺れなくなってしまった。樹は氷に包まれて、まるで眠っているかのように静かだ。

夏の、あのキラキラと輝いている太陽の光の下でのびのびと枝葉を伸ばしている樹が、寒さの中で凍りついて立っている。時が経てば、まるで何事もなかったかのようにまた生命を芽吹かせる。樹は、そんな生を全うしている。

ぼくは、その樹が揺れ続けながら凍りついていく姿を、この稜線でしっかりと見届けたいと思った。凍りついていく樹の姿は、しゃんと背筋を伸ばしていないと、とてもその場にいられないような、そんな気持ちにさせる。いつまでも鈍《どん》な気持ちが抜けないぼくにとって、しゃんとなれるまで何度でも凍りついていく樹に会わなければならないだろう。

凍りついていく樹の姿を知ると、夏のまばゆい光の中の樹が、いっそう輝いて見えてくる。夏の姿も、冬の姿も、それは一本の樹が見せてくれる、ほんとうのありのままの姿なのだと思う。

母ジカ

今では旧高塚小屋と呼ばれるようになった小屋で独り食事をしていた時、入り口の戸を開けようとしている気配に、久しぶりに登山者がやってきたのだろうと思った。そして内側から引き戸を開けてあげようと、蚕棚《かいこだな》のようになった寝床《ねどこ》の二段目から下に降りた。というのも、その当時の戸は木製で、湿気のためか重く固くて、大人の力でも動かすのに難儀するような代物だったからだ。

重い戸を足で蹴とばしながら開けてみると外には誰もいなかった。ん？　気のせいだったのかと不思議に思いつつ重い戸を閉めて、また食事をはじめた。すると、また戸を叩くような音が聞こえてきた。耳を澄ますとたしかに聞こえる。サッシの窓を開けて外をうかがっても雨が降っているわけでもなく、風が吹いているようすでもなかった。

もう一度、下に降りて戸を開けてみると、そこには登山者ではなくシカが立っていた。そのシカは雌《め》ジカで、じっと立ったままこちらを

見つめていた。このシカが戸を叩いたのだろうか？　と首をひねっているとと、まるでお辞儀《じぎ》でもするかのように頭を下げて小屋の前の沢を静かにおりていったのだった。

妙なシカもいるものだと思いながら、途中だった食事をまたはじめたのだが、ふと、ある出来事に思い当たった。昼間、撮影をしていると、沢の中ほどで子ジカが死んでいたので、そこの砂地に埋めて帰ってきたのだった。そのようすをじっと見ていた母ジカが、お礼のあいさつにきたのかもしれない。

その当時、まだ森には人がとても少なくて、一週間泊まっていてもほとんど誰にも出会うことがなかった。人によっては人恋しくなるような暗い森が広がっていたのだが、時間をかけて森の中に居続けていると、森の樹や石や植物など、そこにあるものすべてに親しみを覚えるようになる。そのような気持ちが、あの母ジカにも伝わっていたの

かもしれない。そう思うと、不思議に思ったことは、じつは不思議でもなんでもなかったのだ。

このようなシカとの出会いは、人の気配をすぐに消し去ってしまうほどの森の奥深さの中に生きていると思うのだが、賑わいを増すにつれ森の奥深さも薄くなるばかりだ。最近歩いた山道も荒れた箇所が目につくようになった。森の深みや陰影に身を委ねられなくなるような立派な歩道をつくり上げてしまう時、歩きやすさと引き替えに私たちはきっと大切な何かを失うだろう。

今ではもう森の中に生きているものたちとの交歓が容易にできなくなりつつある。母ジカがお礼にやってきたのだと思っても少しも不思議ではなかったあの頃の森や山道が、いつまでもそこにあり続けてほしいと思っている。

ミツバツツジ

花之江河《はなのえごう》まで歩いてきて、ヤマグルマの木陰で休憩した。ゆっくり歩いてきたのに、暑くて汗がしたたり落ちてくる。陽射しが強くて腕がすっかり日焼けして痛い。それに比べて登山道に影を落としているこのヤマグルマの木陰では、風が吹くと肌寒いくらいだ。日向《ひなた》は夏で、木陰は冬のような、そんな陽気だ。まわりのアセビやヤマボウシなど、わずかではあるけれど芽吹きはじめている。

ふと、目の前の黒味岳に目をやると、薄桃色をした斜面が目に飛び込んできた。もしかしたら、ツツジが咲きはじめているのかもしれない。以前、花崗岩に張り付くように枝を伸ばして咲いていた姿を思い出した。またその木が花を咲かせているかもしれない。そう思うと、その姿が見たくなって腰をあげた。

黒味別れからすぐの急な登りを上がると、桃色のミツバツツジの花が目に飛び込んできた。親指くらいの大きさの花が、枯れているよう

に見える枝いっぱいに咲いていた。

一月や二月にこの辺りまで登ってくると、雪が積もっていたり、エビノシッポ*に包まれて凍っていたりと、温暖な島とは思えないぐらいで、そんな冬の凍った木々の姿を目にしていると、花をいっぱい咲かせているその姿がなんだか不思議に思えてしまう。厳しい冬を過ごすことで美しく咲けるのかもしれない。

五月の強い陽射しの中でミツバツツジの花が咲いている。風もなくほかに人影もない。時折、ハチのような昆虫が飛んできて花の中にもぐり込んでいる。蜜をもらい、受粉してもらう。そんな植物と昆虫の確かな関係をぼんやりながめていた。遠くに宮之浦岳が見えている。青空に透《す》かして下から見上げると、花びらに雌しべの影がくっきりと映っていた。

何日かして、またその場所に行ってみた。その日もまた青空で、花岩の割れ目から育っていたそのツツジの下には、役目を終えたたくさんの花びらが落ちていた。どのくらいの時間かかって実になるんだろうか？　秋にでもやってきたら、たくさんの実をつけている姿を見ることができそうだなと、シワシワになって枯れている花びらを見て思った。

＊エビノシッポ……冬、山の稜線付近で強い雪風にさらされる樹木や岩に付着してエビの尾状に成長する氷塊

フンコロガシ

汗ばんで、じっとり熱くなったからだに手で風を送りながら、あと少しで梅雨も終わりだなと思った。朝のラジオ放送は、前線が九州北部にあって活発に活動していることを告げていた。この二、三日、島の森の中は霧に包まれ、少し風が吹くものの穏やかな日和《ひより》に恵まれるはずと踏んでテントを抜け出し、ヤマボウシの白い花やヒメシャラの鮮やかな緑色を見たくなって、のんびりと歩いてきた。

薄暗い森の中で、そこだけ明るくなったようにヤマボウシの花は咲いていた。五月中旬までは緑色の小さな花がツンツンと上を向いているだけで目立つこともなかったのに、今、こうして目の前の大きくなったヤマボウシの花を見ていると、シャクナゲもいいけれどこの花もいいなと思う。みずみずしい新葉を広げたその上に花がのっている。静かで深い、この森によく似合っていると思う。

ヤマグルマの樹にもたれて白い花を見ていると、霧が沢から流れて

きて樹々の間を充たしてしまった。風が少し出てきたようで、ヒメシャラやハイノキの枝が揺れている。午後のこんな時間に、梅雨の雨から生まれたようなヤマボウシの花を森が生み出す白い霧が包み、充たしていく。そんな森の中にいると、時間の流れが遅くなっていくのを感じる。

明け方までシトシトと小雨が降っていたので、水がしたたるほどにコケも落ち葉もたっぷりと水を含んでいる。足元を見ながら歩いていると、小指の爪《つめ》ほどのシカの糞《ふん》が一カ所にたくさん落ちていて、それにも水滴がきれいについていて美しい色をしている。

茶色のスギの葉の上にのっかっている糞が少し動いたように見えたので、もしやと思い小枝で動かしてみると、やはりフンコロガシがいて、噛《か》みついているような、吸いついているような動きをしている。からだ全体が緑色の光沢を放つ、美しいセンチコガネだ。森で見かけ

るシカやサルの糞には、たいていこの虫がいて、自然の食物連鎖の中で糞の処理をする虫がいることにはうなずけるけれど、なぜこんなにも美しい光を放っているのだろう？　と不思議な気がする。

森の中の仕組みって、ほんとうによくできているなと思う。それと同時に、自分たちはどうしているのか？　と気にかかってしまう。出してしまったものが、どこで、どうなっていくのかという基本的なことすら案外気にしてないし、出してしまったものがすぐ見えなくなってしまうものだから無関心でいられるような気がする。自分のところで出したものは、基本的には自分のところできれいにして自然の中に戻すのが一番なのだと思う。

美しい虫や花との出会いの中で、そんなことを想いながら森の中を歩いていた。

ヤマヒル

ある日、森の中でのんびりと腰をおろして噴《ふ》き出す汗をふこうとしていると、首に巻いていたタオルにヤマヒルがくっついていた。「もう少しでご馳走にありつけたのに」なんて言いながら、つまんで弾き飛ばそうとしたのだけれど、ご馳走を目の前にしてそうはさせじとばかりにヤマヒルは指にからみついてきた。その足（？）の吸引力はたいしたもので、つまんで引き剥がすには、ちょっとした力がいるほどなのだ。伸びたところをつまんで測ってもたかだか二センチぐらいなのに、ピッタリくっついて離れないし、その柔軟で強靭《きょうじん》なからだの仕組みにびっくりしてしまった。

足元を注意して見てみると、長靴にくっついているものが二匹、そのほかにも二メートルぐらい離れたところにいる二匹は、こちらに向かってこようとしていた。タオルと長靴にくっついていたものを小さいビニール袋に入れ、こちらに向かってくる二匹を見ていると、尺《しゃく》

取《とり》虫のような動作をしながらまっすぐこちらに動いてくる。思いのほか素早い動きなので、しばし見惚れてしまった。

獲物に向かっていく時のユーモラスな動き、そして、獲物を見失って、じっと辺りをうかがっている姿を見ていると、毒があるわけじゃなし、少しぐらい吸わせてあげようかな、なんて気にもなってしまう。それぐらい一生懸命な姿である。

知らないうちに足元、袖《そで》口、襟《えり》元から侵入したヒルに血を吸われシャツを赤く染めている登山者に出会ったりするなど、なにぶんにも嫌われ者のヤマヒルだけど、大好きとは言わないが、森の中で出会ったらじっくり見ていたい生きものだと思っている。

そう思うのも、まだ被害らしい被害に遭《あ》っていないせいかもしれない。特別なことをしているわけではないけれど、足元をしっかり固めて長靴に足を入れ、その口をビニールのゴミ袋でしっかりとぐるぐる

巻きにする。その上にゴアテックス製の雨具《レインウエア》を着て、腰のところをしっかりと絞めておくと、足元から入ったヤマヒルはほとんど全部腰のところにたまっている。どこかに穴でも開いていると、そこから侵入して血を吸われることになるけれど、今までこの方法で被害に遭ったことはない。一日じゅう森の中を歩く時も、この格好ならばヤマヒルに気を取られることもないし、テントに帰ってからの楽しみがひとつ増えるぐらいに思っている。

だいたい十匹ぐらい忍び込んでいるけれど、いつだったか夕暮れで雨もシトシト降っていて、もうズボンにも雨具にもついていないという確認をいい加減にすませてしまったために、夜中に喉《のど》元を愛撫《あいぶ》されてしまったことがある。密室の中に何匹いるのか分からない状況にはそうそう出くわしたくはないが、なんだかヤマヒルがいるということだけでも、森が深いなって思えてくる。

縄文杉まで

雨の中の大株《おおかぶ》歩道を縄文《じょうもん》杉まで歩いた。崩れてしまった登山道には木道や木製の階段が造られ、これまでとは比べものにならないほど歩きやすくなり、時間もそれほどかからなくなった。そして、雨に濡れながら変わることなく、そこに生き続けている縄文杉を久しぶりに見た。しかし、いつもの温もりを縄文杉からは感じられなかった。そこに立ち、しばらく縄文杉の前にいたけれど、人の話し声に気を取られ、森に溶け込めない自分がいて、沈黙している縄文杉がいた。森の中にテラスができて何年経つだろうか。縄文杉までの距離は見た目以上に離れてしまったと感じた。

森を歩きはじめた頃、夕闇の迫る森に馴れなくて落ち着かず、森の中で居場所を見つけるのに苦労した。闇を恐れるあまり、自分の心を閉ざしていたように思う。すると森も、同じように心を閉ざしてしまうことに気がついた。森は、心を閉ざした者をいつまでも受け入れて

はくれない。だから森は、包み込む闇で試しているのだと、その時思った。森の中には闇のように怖いと感じられるものがある。それを当たり前だと思えるようになって、ようやく森を、落ち着いて静かに歩けるようになり、たくさんのことを森から学べたように思う。

今はもう縄文杉のまわりに闇はなく、雨が降っているというのに明るい。そして、ここまでの山道も整備され明るい森の道となった。気分的には都会の公園の小径《こみち》と何も変わらない。かつて人と出会ってホッとした、あの山道の気配はどこへいってしまったのだろう。

実際に、ここまで登ってきてがっかりして帰る人も多いと聞く。トロッコ道から歩いてくる限り、森を失った場所と深みを失った山道に失望し、そして、気持ちの届かない距離の縄文杉と対面する。縄文杉を取り巻くこの空間は、森の中にあって森ではなくなってしまった。どんな人でも歩いてこれるように、しかも安全に迷うことなくという

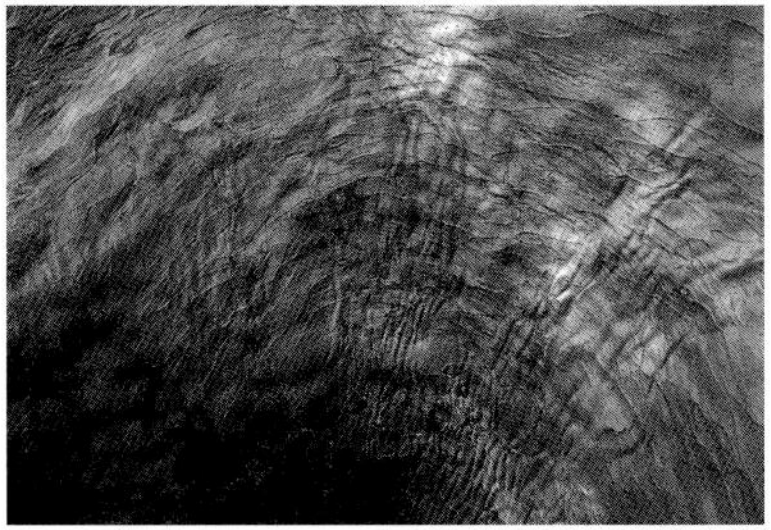

ことであれば致し方ないのかもしれないが、屋久島の森としての魅力は、かなりの部分が失われたと思う。闇を失った縄文杉が、森の中のいのちの流れをふたたび語りはじめる時はくるだろうか。縄文杉は、もう死んでいると思う。

暮らしの中で闇を駆逐してしまった私たちは、ときどき闇の夜に恋いこがれて夜空を見上げる。失ってしまった星の輝きの重さを思い出しながら。そのような気持ちを抱いて、明るくなった森でいのちの輝きが失われつつあることを、このテラスの上で噛みしめている。

砂浜

マルバニッケイの森から海岸に出てみると、ハマユウの白い花が咲きはじめていて、浜はその香りに包まれていた。潮風にあたりながら砂浜を歩いていくと、渚に向かってハマゴウやニガナなどが生え、風に吹き寄せられた砂に埋もれて小さな黄色い花が顔をのぞかせて咲いていた。

乾いた砂の上には細く小さな足跡が曲がりくねりながらついているが、ウミガメの子供ではなく、たぶんカニの歩いた足跡だろうと思った。砂についているのは生きものの足跡だけではなく、砂浜のずっと奥まで車の轍《わだち》が続いていた。誰かが車で砂浜を往復したらしい。砂浜に車を乗り入れて数百メートル走り、帰っていったのだろうが、何も生きていないように見える砂浜であっても、実際にはたくさんの生きものが息づいている。そして、これからの季節、ウミガメも卵を産むのだから砂浜は歩くだけにしてほしい。

また、砂浜には流木や空き缶、ビン、ビニール製品、ペットボトルなどがところどころに打ち上がっていた。この浜に限らず、海岸には嵐の時に波に叩きつけられたビニールや発泡スチロールの類のゴミが、岩の割れ目や木々の根元にねじ込まれたように集まっている。もちろん、ねじ込んだのは荒れ狂った波なのだが、それを見ていると、まるで海が、「ゴミを捨てるな!」と投げ返したかのように思えてくる。

拾って見てみると、ゴミは海流に乗ってやってきたものもある。だから自分たちの捨てたゴミも、きっと海流に乗り、よその国の海岸を汚しているのだろう。酸性雨が自分たちの国だけのことではないように、ゴミも自分たちだけの問題ではなくなっている。

この浜へはウミガメが卵を産みに上がってくる。卵から孵《かえ》った子ガメが親ガメになれる確率はたいへん低いらしく、やっと親ガメになってもビニールをクラゲなどの食物と勘違いして食べてしまい、死んで

しまうことがあるそうだ。そのような生存競争を生き抜いて浜に上がってきた母ガメも、今やこのような砂浜でしか卵を産めないのだとしたら、とても悲しい気がしてくる。自分たちの出すゴミが確実に浜を汚していると感じる。

ここ数年、産卵のようすを見ていると、穴を掘る母ガメが偶然埋まっていた卵を掘り起こしてしまう場面に何度か出くわした。その卵は先に産み落とされていたもので、それほど産卵場所は過密になっていて、母ガメにとっては安全に卵を産める浜は少なくなってきているのだ。人だけを災害から守るための護岸工事はもうやめにして、渚の生きものも同じように守れるようでなければ、「かつてここには……」といった説明付きの看板ばかりが立ち並んでいくことになりそうな気がする。

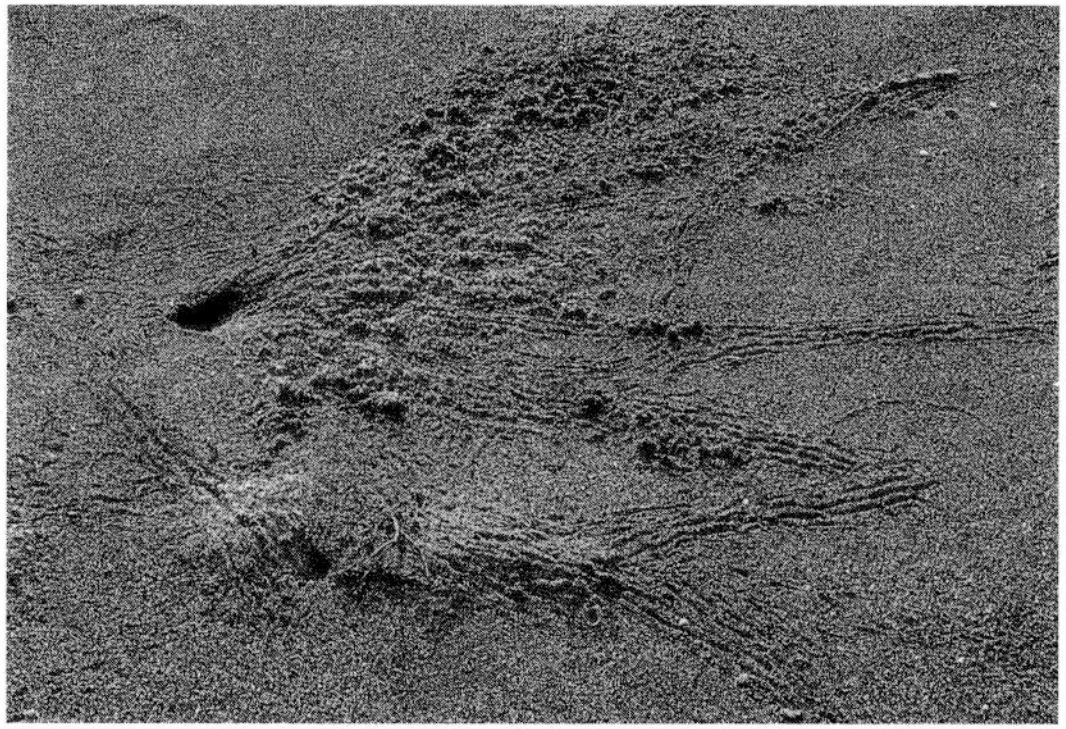

メヒルギ

風を受けた枝が小刻みに震えてメヒルギが栗生川《くりお》に立っている。泥の中にたくさんの根を差し込んだようなその根上がりの姿には、ここでたくましく生きてきたと思わせる魅力的な風貌があった。老人の額《ひたい》に刻まれた深い皺《しわ》のような文様の灰色の幹、武骨な節くれだった太い指のようにも見える太い根。生きてきた長い時間の証《あかし》がそこに立っている。実際、泥の上に立ち上がっている姿からは、「俺はここで生きていく」と言わんばかりの気迫が伝わってくる。

しかし、身じろぎもしないですっくと立っているように思えるその姿は、じつはとても危うい状況をあらわしているようだ。メヒルギはもともと根上がりになるような植物ではなく、泥の中にしっかりと根を張って成長する木なのだそうだ。だとすれば、この栗生川の河口に生きているメヒルギの半分くらいは、泥の中にしっかりと根を張っていたのに、表土としての泥の大半を失ってしまっていることになる。

森の中からしみ出した水の流れが腐葉土《ふようど》をはこび、長い時間かかって河口の淵《ふち》に積み重なり、泥はつくられてきたにちがいない。森は、その森の中だけでいのちを育んでいるのではない。幾世代にもわたって人の心を和ませ、川や海のいのちにも豊かな恵みをもたらしてきた。幾世代もの長い時間の厚みの中に島は包まれていて、その中に森の豊かさがあり、川や海の豊かさが築かれてきているような気がする。

だから泥が流れ去り、メヒルギが流れ去ってしまうということは、豊かさを育んできた時間の厚みが削られ流されていくことだと思う。たかが泥とはいえ、そこに生きているものにとってはかけがえのないいのちの源なのだと思う。だけど、メヒルギはとても少なくなってしまった。護岸や船の避難場所で群生地が狭まってしまったのは仕方のないことだとしても、台風の時の強風や増水によって、持ちこたえる力が弱くなった根上がりのメヒルギは、少しずつ流されているのでは

ないかと思う。かつてここで泥の中に根を張って生きていた、と主張しているかのような痕跡が何カ所か残っている。

根元を洗う波が表土を流し去り、それでも生きようと泥を掴むメヒルギの姿は、これからの島の姿かもしれない。今でも西部林道の森を歩いているとホッとする。島を一周した時、そのような気持ちの安らぐ場所が年ごとに少なくなってきていると思う。道沿いの景観が屋久島らしさを失って、ふつうの観光地と同じようになりつつある。時間の厚みを感じなくなってしまった。足元の砂が流れ去ってしまうように、島を育んできた大切なものが少しずつ流れ去っているような不安を覚える。根上がりのメヒルギの姿を前にして、いろいろなことを考えてしまった。

波打ち際

久しぶりに訪れた多摩《たま》丘陵は、ようすが一変していてびっくりさせられた。同じ場所をちょうど十年ぶりに訪ねてみたのだが、新しく建てられた住宅がひとつの町をつくり、その家並みが以前歩いた雑木林の姿を一変させていた。もう記憶の中にしか、あの雑木林はないのかと思うと悲しくなるのだが、都会のベッドタウンとして雑木林を切り開き、住宅を増やさなければならなかったという事情を分からないわけではない。でも、なぜこれほどまでコンクリートで固めなければならなかったのだろうか。今や多摩丘陵の雑木林は、砂地の海岸のように都心からの荒波を受けてすっかりその姿を変えてしまっている。

波打ち際は、海が酸素を取り込むうえで大切な役目をしているのだと聞いたことがある。あの頃、雑木林は都心からの波をまともにかぶりながら必死に立っていたのだ。そして波は、木々をすっかり飲み込んでしまい、今は住宅に取って代わられた。

木々は古い葉を落として自らのいのちを養い、ほかのたくさんの生きものたちとかかわり合いながら時を刻んできた。その長い時の積み重なりの中に豊かさが育まれていくような気がする。

私たちはいつの頃からか、そのような場所の豊かさに鈍くなっていたような気がする。気がつけば、もう取り返しのつかないほど雑木林は失われてしまっている。都心からの荒波に飲み込まれ、その一部になった時、風がはこぶ緑の匂いも、木々の葉を打つ雨の音も、もう以前のように味わえなくなったこの地域は何を得て、何を失ったのだろう。土台ごとそっくり入れ替えられた街を歩道橋の上からながめながら、そのことをぼんやりと考えた。

そして十年前の島のことを思い出し、多摩丘陵の雑木林と同じくらい変貌しているような気がした。そう思って気が重くなった一瞬、この街に見つめられたように思った。都心から遠く離れているように思っても、波は確実に打ち寄せているのだ。人の心を引き付けていたものが切り崩され、失われてしまう前に、島がどこへ向かおうとしているのか、しっかりと見つめなおさないといけないないと思った。

祈り

お彼岸《ひがん》や日々の暮らしの中で、お墓に花を供える習慣は取り立てて珍しいことではないのかもしれないが、佐渡《さど》島（新潟県）の宿根木《しゅくねぎ》ではお店で花を買うことを一切せず、お婆ちゃんたちが庭や畑の隅《すみ》でお墓に供える花をつくり続けている。「自分で丹精《たんせい》した花をお墓に供えたいから」という言葉の中に、自分が今まで、ここでこうして暮らしてこれたのもご先祖様のおかげだから、という感謝の気持ちが込められている。

お婆ちゃんたちの花づくりは、自分たちがながめるためのものではない。亡くなった人のことを想いながら、畑で花を丹誠《たんせい》込めてつくる。その作業ひとつひとつが祈りなのだ。話を聞きながらそう思った。佐渡のお婆ちゃんたちの暮らしぶりからは、森の樹々の中で感じるのと同じ温もりが伝わってくる。それと同時に、森の中で感じる寂しさにも包まれた。

花を供えるお墓は、密集した家並みの中を人一人がやっとすれ違えるほどの細い路地を抜け、小川沿いに少し歩いた奥の場所にあった。御影石《みかげいし》の今風の墓が混じってはいるが、ほとんどは緑のコケに包まれたもので、長い時を刻んでいるものばかりだった。

翌日が秋の彼岸の入りということもあって花を供えにきている人がたくさんいた。「昼間、畑で花を摘み取って夕刻供える」と話してくれたお婆ちゃんは九十四歳だった。この場所で花を切り揃え、供え、水を替えながら数えきれないほどの祈りを交わしてきたにちがいない。花を供え終わって、「お墓参りは明日の夜明け前」と告げられた。日日の暮らしの中で、先に逝《い》った人のことを想いながら今を生きている人たちの心の豊かさがにじんでいた。

屋久島の森を歩けば、たくさんの屋久杉の伐り株や自然倒木に出会う。苔むしたそれらには、種が落ち、芽吹き、みずみずしい生命が育

っている。死が生を育む仕組みは、森の豊かさのひとつだ。宿根木のお婆ちゃんたちの姿と、幾度もそのことを繰り返してきた森が重なり合った。

宿根木の路地も真新しい硬い石に張り替えられつつある。そこを歩きながら、時を経て、人が行き交った分だけへこんでいる石畳の路地をいつまでも維持していくことの難しさを感じた。それは屋久島の森の中が、だんだんと整備されていく寂しさに似ている。

時を経たものの放つ温もりがなくなる時、そこはたんなる観光名所にすぎなくなる。そして、心の中にどちらの石畳を持つのか、自分たちの側も問われようとしている。島人《しまびと》の奥宮《おくみや》である宮之浦岳も、日本百名山のひとつとして賑わいを増しつつあるが、祀《まつ》ってある一品宝珠《いっぽんほうじゅ》大権現《だいごんげん》の前に立つ人がいなくなるにつれ、島人の奥宮もたんなる百名山の通過点になっていくだろう。山に登るということがどういうことなのかも、立ち止まって考える時がきているように思う。

深いいのち

私たちは、ほんとうに豊かなのだろうか。自然に恵まれたこの場所で、なぜこんなにも廃屋《はいおく》が目につくのだろう。屋根は落ち、蔓草《つるくさ》にからまれて埋もれていく家たち。自然が厳しすぎたのか、そのほんとうの理由を知ることはできないのだが、「なぜ？」と思いつつ、北海道で撮影をしていた。

近くの白滝《しらたき》村（紋別《もんべつ》郡）という集落を通りかかった時、遺跡の標識に導かれるままに脇道にそれ、その遺跡を訪ねた。旧石器時代の黒曜《こくよう》石《せき》の石器が出土した遺跡なのだそうだ。

一万七千年前の人々の暮らしはどんなにか厳しかったことだろう。それでも狩猟生活をしながら自然とともにこの地で生きてきた人たちがいたという事実。そのような遺跡の場所で樹々に囲まれていると、朽ちていく家がまるでまぼろしのように見える。

屋久島の森の中にある、朽ちて土に還っていく倒木は、倒れても長

い時間かかって次のいのちに森の想いを伝えている。だからこそ、森は豊かな生態系とともに深いいのちの姿をそこにつくり出している。森を歩いていて楽しいのは、その深いいのちに染まっていくからだと思う。

樹々は、長い時間をかけて次の世代へと想いを手渡しながら、森の豊かさをつくり上げてきた。朽ちていく家の前で立ち止まってしまったのは、手渡すものがあっても手渡すべき相手のいない私たちと、いつの間にか豊かさの意味をはき違えてしまった私たちが、そこに重なって見えていたからだと思う。想いが途切れるということは、そこでの豊かな生活をもうつくり上げていくことはできないということ。そして、自然の中に染まりながら生きるということもできない。

築き上げてきたものが無に還る時、砂を噛むようなむなしさが襲ってくる。今、島のあちらこちらが新しいものに取って代わられつつあるのを見ていると、精神的にまいっている時の自分の心をのぞいているようで、とても落ち着かない。

森が育むような豊かないのちの姿を私たちはつくり上げることはできないのだろうか。想いを引き継ぎ、手渡し、育むということに、じっくりと腰を据えてかからなければならないと思う。これまでの時の流れは身近な自然とともに流れていたのに、最近は身近な自然さえも目に映らなくなりそうなくらい、よりいっそう速く、時が流れはじめたような気がする。

森の約束ごと

数日前から花山《はなやま》の広場にテントを張っている。秋の森の中は梅雨の頃とはだいぶ違って乾燥していた。帯状の高気圧に覆われて二週間ほど前から雨が降っていないらしい。ひと雨ほしいなと思いながら森の中をのんびり歩いていた。ラジオの気象通報を聞いて、自己流ながら天気図を描く。天気図の中に、生まれては消えていく低気圧や移動していく高気圧などを描き記していると、狭いテントの中でも無限とも思える地球の息づかいが感じられて、この作業はいつも楽しいひと時となっている。

昼間、大川《おおこ》から吹き上ってきた風が霧をはこんできて、秋の色に染まった花山の森の中をすっぽりと包み込んだ。しばらくすると霧雨がコケや樹の葉を濡らすようになったので、テントから出て雨の森を歩いてまわった。

シカ道を通って屋久杉の伐り株や朽ちた倒木の横たわっている場所

までいくと、子供の手のひらぐらいのミヤコダラの葉っぱがたくさん落ちていた。つい先日まで、枝いっぱいに黄色く熟《う》れた葉っぱがなっていたのに、今はもう、まばらにしかついていない。

伐り株や倒木の上の落ち葉をながめていると、まるで倒木の上に落ちた種がはやく芽吹くようにと願っている、そんな樹の想いが伝わってくるようだ。ミヤコダラや屋久杉や、そしてたくさんの樹の想いの詰まった落ち葉が降り積もって、森はたくさんの生命を養っているのだろう。

黄色い落ち葉に包まれた伐り株や倒木をながめながら、この森の樹を伐っていた頃の島人のやさしい心を想った。はじめの頃、森の中のたくさんの伐り株や倒木に出会った時、樹の墓《ぼ》標《ひょう》が立っているような気がして寂しかったけれど、今はその気持ちが薄らいだような気がする。悲しく立つ墓標には違いないけれど、森で働いていた島人が巨

木を切り倒す時の悲しみと、その先にある豊かな森への想いとが伝わってきたからだ。否応なく課せられた租税に追われて樹を伐っていった当時の人たちが屋久杉の再生を願わないはずはなく、きっとスギの幼木《ようぼく》が朽ちた樹や倒木の上に育っているのを見て、伐り株や倒木の一部を残しておいたのではないか、と思えるようになったからだ。千年先の森を想って伐り株や倒木は残されていたのだと気づいて、すべてをはこび出すことをあえてしなかった昔の人の森への深い想いを思った。そして、そのような約束ごとが昔の人にはあったにちがいないと思った。

テントに戻りコーヒーを淹れて飲んでいると、大川の向こうから林道工事の音とともにチェンソーの音が聞こえてきた。風が吹くたびにハラハラと舞い落ちてくるミヤコダラの葉っぱの音を聞きながら、今も森の約束ごとは受け継がれているのだろうかと思った。

天気図を描き終えてテントの外に出てみると、花山の森の樹々が薄闇の中に浮かび、そして、樹と昔の人との想いがいっぱい詰まった落ち葉が伐り株の上にたくさん落ちているのが見えた。

ほんとうの豊かさ

薄暗い森の中に、赤い色のツチトリモチが目につくようになってきた。そういえば、ヤッコソウは元気だっただろうか……。見にいく機会を今年は逃がしてしまった。

テントの中で手帳を開き、歩きながら考えていたことをメモしてみる。ローソクの明かりの中で思い出しながら書くものは、たわいもないことばかりなのだが、何日も続けていると、森のことが自分なりに分かるようになってくる。

ザックひとつ背中に担ぎ、何日も泊まり歩いていると、ザックの中の物だけあれば十分生きていけそうな気がする。いつの間にか、身動きがとれないほどの荷物を抱え込んでしまい、身軽だった頃を恋いこがれるようになる。これが歳を重ねるということなのだろうか。しかし、森の樹は年輪を刻むにつれ、数えきれないほどのいのちを抱えて生きている。歳を重ね、自分もできればそうありたいと思う時、捨て

去るべき荷物が見えてくる。

　翌朝、テントを出て薄暗い森の中を歩いていると、丸い花崗岩の巨石の上に樹々が森をつくり出していた。その花崗岩の大きさにも驚くのだが、その岩の上に樹がしっかりと茂っていることに驚く。そこはかなりの厚みを持った腐葉土に覆われ、スギやヤマグルマ、サクラツツジやミヤコダラといった樹が根を張っていた。

　水を生み出し、落ち葉を積み重ねながら自らの足下に土をつくっていく樹。その腐葉土を、いったいどのくらいの年月をかけて、樹々は岩の上につくり出したのだろう。

　生活の中で、使い捨てられていく物ばかりが目につく生活をしていると、目新しい物や便利な物を使い捨てていくことが豊かさなのだと勘違いさせられる。しかし、森の樹のように、葉を茂らせ養分をつくり、自分だけでなく、まわりのものとともに生きる生き方が、ほんと

うの豊かさをつくり出していくように思える。私たちは、ほんとうの意味で、そうした地道な行為が、じつは豊かさを育み、深い樹の世界をつくり出しているということに気づいていないのかもしれない。森から離れてしまった私たちは、もう一度森に目を向け、自分たちの生きる道を教えてもらうべき時を迎えていると思う。

いのちの流れ

春。森の樹々が、また新しい芽をふくらませはじめている。その森の中を歩いてみると、先日まで白い花を咲かせていたオオゴカヨウオウレンが、苔むした倒木の上で小さな淡い緑色の実をつけていた。もう幾日かすると、小鳥たちの囀《さえず》る声も沢筋ごとに聞こえはじめるだろう。降り続ける雨が森の中をたっぷりと濡らして、樹々は生き生きと輝いて見える。

季節が訪れるたびに、いのちが巡っていく森がここにある。身近な暮らしの中に、深々とした森や水の流れを感じるということは、とても有り難いことだ。身近な森を静かにゆっくり歩いていると、そこここにいのちの流れや、自分のいのちの行く末を理解できるものが見つかり、そして出会うものひとつひとつを見つめていると、しだいに気持ちが落ち着いて穏やかになっていくのが分かる。

そんな森の中を歩いていると、それらから紡《つむ》がれている温もりを感

じる。それはとてもあたたかなものだ。長い長い時間をかけて森はこの温もりを育んできた。この温もりこそ、きっと大切なものであり、私たちが今、暮らしの中で失いつつあるものだと思っている。

見わたせば、私たちは暮らしの中で、積み重ねた時間をその姿に秘めているものたちを削り、壊し、なんと多くのものを見捨てていっていることだろう。ホッとひと息つけるような空間が、いつの間にか味気ない開けた場所になっていたりするのだ。そのような場所に行き会うと、気持ちがざわついてしまう。森が育んできたような温もりは、私たちにはもう育めないのだろうか。

倒れ、朽ちていく倒木の上に次のいのちが育まれていく森。厚く積み重なった時間の中に新たないのちが育まれているように思える。そう感じる時、森の奥深さや豊かさを思う。

森の中で、からだがしだいに元気を取り戻すのは、時の厚みの中に

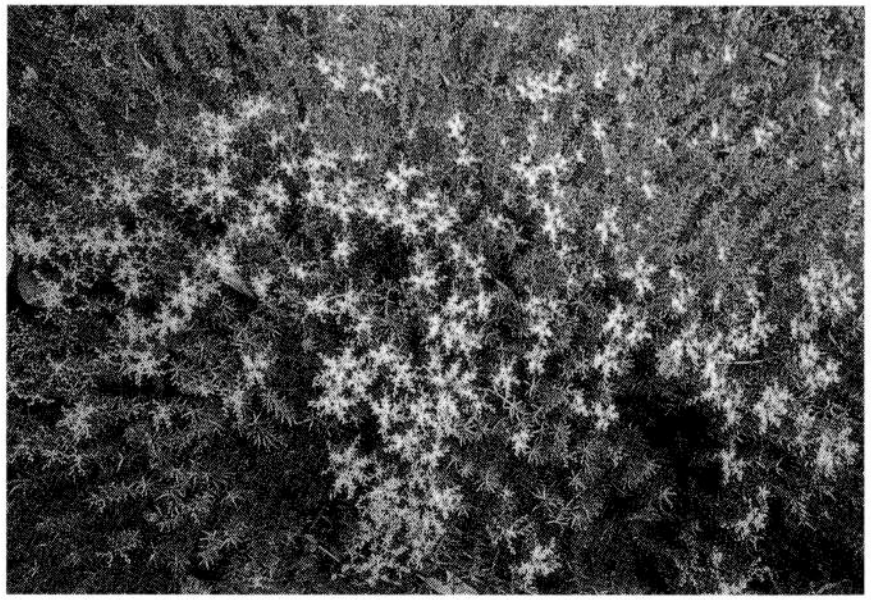

身を浸《ひた》すことを欲《ほっ》しているからだと思う。そして、豊かな森の懐《ふところ》に抱かれていると、自分というものが少しずつ見えてきて、まだまだ自分が未熟なのだということを、森の樹々は教えてくれる。

森の樹々が育むいのちの流れは、ほんとうに途切れることなく巡っている。なのに、私たちの暮らしの中ではもう巡らなくなってしまった。たぶん、今がその流れを取り戻す、ほんとうに最後の時かもしれない。

照葉樹の森

スミレやテンナンショウが花を咲かせている山道をたどり森の中に入っていくと、灰褐色の落ち葉が張り付いた斜面に薄桃色の小さな葉がたくさん落ちていた。見上げると、広げた枝先のそれぞれの新芽がふくらんで新しい芽が伸びている気配を感じた。タブの樹の新芽が、もう芽吹きはじめていたのだ。冬の寒さから芽を守っていた苞《ほう》が役目を終えて、樹の根元に散っていたのだった。キブシの花が咲き、アオモジの花が咲いて、身近な場所の春の気配をうすうすとは感じていたが、森の中にもすでに春は訪れていたのだ。

ひとつ見つけると森の中の春の兆しが目に映るようになった。よく見るとシイの芽がふくらみ、ヤマザクラも蕾《つぼみ》が開きそうに見える。何かひとつのきっかけでものがよく見えてくるように、森も見つめるきっかけがあれば、しだいに森の小さな春が目に飛び込んできて楽しくなってくる。

植林されたスギの林の縁に照葉樹《しょうようじゅ》の森は細々と残されている。まるで離れ小島のように点在しているものもある。ぽつんぽつんと残されている森は、なぜそこだけ伐られなかったのか不思議なのだが、これから先、カシやシイの花が咲き、新緑が萌《も》えだした時のあの緑の彩りの数々を見ることができるのであれば、とても有り難いことだと思う。どれも同じような姿に見える植林の木にくらべ、それぞれの個性が際だつ照葉樹たち。もうじき、その真価を発揮する新緑の頃がやってくる。

細々と残っている照葉樹の森は、まるで今の島のようでもある。共生とか癒《いや》しとかの心地よい響きの言葉に樹や森の深みが薄められていくように、心の奥深くまで自然と解け合い、畏《おそ》れ、祈りを捧げてきた島の人たちの想いも外から発せられる言葉に薄められ、島も人も飲み込まれそうになっている。もう照葉樹の森以上に追いつめられているのかもしれない。

スギ林に飲み込まれそうなこの川縁《かわべり》の照葉樹の森はごく限られた森なのに、歩いていると豊かないのちを感じさせてくれる。シイの樹の幹は、コケに包まれ蔓性の植物がからまり、まるで奥岳の森の中のような気配がした。

照葉樹の樹々たちは、スギ林に飲み込まれまいとあらがうことなく自分の生き方をただ静かに貫いているだけなのだと、森を歩きながら思った。自分も、吹いてくる風に揺さぶられることなく、この樹々たちのような生き方をしたいと思う。タブの樹を見上げながら、身近な森の有り難さに感謝した。

「岳《たけ》参り」の道

森の中の山道が荒れているのを見ると、とても寂しい気がする。森が深く、樹も岩もコケに包まれているだけに、その削られてしまったところが痛々しく見えてしまう。そしてなによりも、この山道は島人の、御岳への深い想いが刻み込まれている「岳参り」の道である。苔むした石のひとつひとつにも島人の汗がしみているような気がする。

その山道も、今は木道や木の階段が造られ、だんだんと整備されて歩きやすくなってきた。もしかしたら一度も土を踏むことなく、宮之浦岳の祠《ほこら》の前に立てる日がやってくるかもしれない。それは杞憂《きゆう》だとしても、木道をコツコツと靴音をさせながら歩いていては、この道が「岳参り」の道であったことなど思い出させてはくれない。そのような山道の変わりようは、御岳への深い想いさえも忘れさせてしまいそうだ。

この夏、久しぶりに縄文杉を訪ねた。広々としたテラスに立った時、

そこは大勢の人で賑わっていた。その、あまりの賑わい方に時の流れを感じた。広げた弁当を食べながらの会話は、縄文杉のことでも、森のことでもなかった。その時、変わっていくのは山道やこの縄文杉の立っている場所だけではなく、そこを訪れる私たち自身も変わっていくのだということをはっきりと自覚した。

そして、島も年々変わっていく。周回道路沿いにも、きれいに整えられた公園が何カ所も目につくようになり、道路そのものも幅広く直線的になってきたように思う。しかし、明るくきれいになればなるほど、心の片隅にポッカリと穴があき、なんだか無性に寂しくなっていくのを感じる。まるで削られていく山道のように、大切な島の魅力がどんどん削り取られ、薄くなっていくような気がしてならない。

残していかなければならないものは何なのか、しっかりと見据えておかなければ、島を訪れる人も、私たちの心も変わってしまうだろう。

心の片隅が寂しくなった時、宮之浦川沿いに残されているトロッコ道をのんびりと歩いてみた。ここは宮之浦川の上流から伐り出した屋久杉を乗せて港まではこんだトロッコ道だと聞いている。その当時の島人の喜びや悲しみさえも乗せてはこんでいたのではないかと思い描きながら歩いていると、宮之浦の町の近くにこのような人の想いと時を刻んだものが残されているということが、これからはとても大切なことになっていくような気がした。

道

シカ道と見分けがつかないほどの踏み跡が細々と続いている昔の道をたどりながら森を歩いた。途切れ途切れで、今では分かりづらくなってしまったその道を歩いていると、時の流れを否応なく感じさせられる。

人の気配がしだいに遠のいて、道がしっかりしていた頃の人の営みがだんだんと薄れていくことが悲しい。それはそれで仕方ないことかもしれないが、御岳に祈った島人の想いや、屋久杉を伐らざるをえなかった島人の悲しい想いなどが染みこんだ道だと思うと、森の中に細細と今も残っているこの道が、自分にとってはとても大切なものに思えてくる。

想いのしみ込んだ山道を歩いていると、かつての島人の気持ちが伝わってくる。それは、森と自分との関係を考えるきっかけになってくれるし、樹々のことを考えていると少しずつ森が身近になってくるよ

うな気がする。そして、自分の中にもかつての島人の祈りに通じるものがあることに少しホッとする。

道が消えてしまうことは、時の流れや記憶など島人のその想いまでもが消えてなくなるということで、自分にとって森の懐に抱かれる術《すべ》をひとつ失うことになる。登山道がきれいに整備されていくにつれ、森の中で何か違うなと違和感を感じはじめたのは、いろいろな想いを森から受け取りづらくなってきていたからだったのだ。

その道をたどると、たくさんの古い伐り株や倒木と出会った。その森はひときわ大きな屋久杉たちが生きていた森だったようだ。伐り株はそこに育った樹にもうすっかり取り巻かれ、ほとんど一本の樹のように見える。それらをひとつひとつ見ながら、森はたくさんの死を見つめてきたのだなと思う。

昔の島人は、屋久杉に斧《おの》を入れるしか術がなかったのだが、まわり

の森を残すことで伐った樹の再生を信じていたにちがいない。どこの森も、古い伐り株からは次の世代がしっかりと育っている。

このような森の中にいると、ほんとうに死は終わりではなく、新たな生へといのちは巡っているのだと思える。それはあたたかな温もりにあふれた姿として心の中に伝わってくる。森が豊かさを育めるのはその中にたくさんの死を抱いて巡り続けてきたからなのだと思う。

森の中に独りでいると、自分を支えているのは決して目に見えているものたちだけではないということを教えられる。そのことをしっかりと受けとめたいと思う。

結晶

土の上を歩きたい。風化した花崗岩の石英《せきえい》の粒や黒雲母《くろうんも》の小さな粒が、ゆるやかな水の流れの中でキラキラ輝いている。水の冷たさが火照《ほて》ったからだにしみてくる。見逃がしてしまうほどの小さなきらめきに気持ちを通わせながら、ゆっくり、静かに歩きたい。

観光客に会わない、登山者にもめったに出会わない山道を歩いた。ミツバツツジやハイノキの葉陰の斜面から水が湧き出して、ミズゴケの仲間やスミレなどが生きている。たくさんの植物を育てながら水は海にまで流れていく。森の樹々、たくさんのコケ、小さな生きものたち、それらの中を水が流れていく。まるで毛細血管のように張り巡らされた水の道。その隅々にまで水は流れていき、水にいのちは育まれている。

日当たりのいい斜面を見つめると、そこに小さなリンドウを見つけることができた。島の空を想わせる蒼《あお》い濃淡のその花は、以前この道

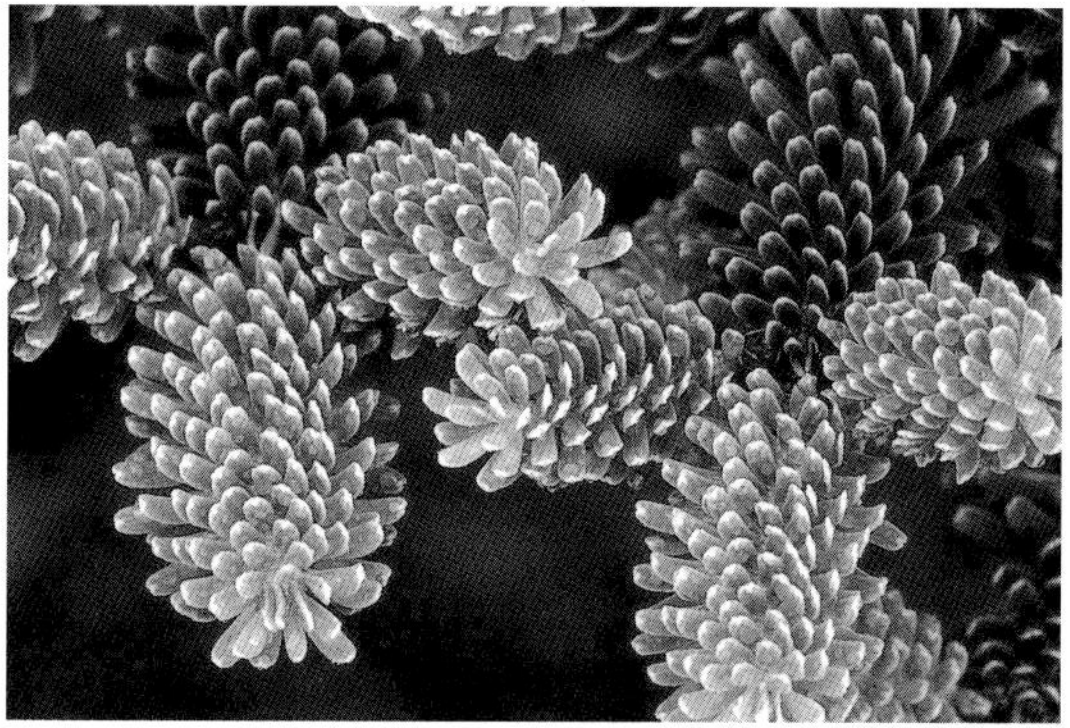

でいくつか見たことがあった。不思議なものでひとつ気がつくと、とても小さな花でも次々と見つけられるようになる。今は、その花は咲き終わっていた。

向かいの沢では、コマドリがさかんに鳴いている。ひと休みしてその美しい姿を見たいと思った。コケから滴《したた》る水を集めてコーヒーを飲もうと仕度をはじめる。誰も歩いてこない道に腰をおろして、あぐらをかいた。

お湯が沸くまでの時間、道に落ちている正長石《せいちょうせき》の結晶を見ることにした。十四センチぐらいを超えると、博物館ものだと聞いた覚えがあるけれど、ここには長さ六センチほどの結晶がたくさん転がっている。手に取り角度を変えると、成長の仕方によってなのか、面の輝きに違いがあった。

コマドリに混じってミソサザイの声も聞こえている。そっと豆を挽《ひ》いてコーヒーを淹れた。静かに待っていればコマドリが近くにやってくるかもしれないと思っていたが、姿を見せてくれたのはミソサザイだった。屋久杉の樹肌《きはだ》に似ているこの鳥は、心にしみるように涼やかに長く鳴いて、いつまでも聞いていたくなる。巣は意外なところにあって、コケを巣材にして丸くつくられている。このミソサザイは、まだ子育て中かもしれない。

もう終わりに近いチャボシライトソウ、これから花を咲かせるヤクシマシオガマなど、道の脇でたくさんの植物が咲きついでいく。少なく浅い表土と光、それらをみんなが譲り合って生きている。ほんとうに譲り合いながら穏やかに生きているように見える。ヤマグルマでさえも、森の中で穏やかに生きているように思える。

心から穏やかに生きたいと願う私たちなのに、穏やかに生き続けているものたちと静かに会う余裕すらなく、忙しく今を生かされている。独りで山道の土を踏みしめながら歩いていると、そのような私たちの今が見えてくる。そして穏やかに生きている生きものたちの、「それでいいのか?」と問いかける、静かな声が伝わってくるのだ。

豊かな秋

永田川源流の右谷《みぎだに》から、神様のクボの辺りを歩いた。冬はかなりの積雪があり、雪の重みのせいかシャクナゲもひれ伏すように枝を伸ばしている。二十年近く前、シャクナゲの花を見ながら右谷に残っていたスノーブリッジをくぐった記憶がある。しかし最近では、積雪は少なくなってきている。それは地球温暖化の影響が、この屋久島でも少なからず出てきているのかもしれない。

雨の日の水流や冬の積雪に磨かれた岩壁には、黄葉しはじめた草木が張り付き、永田岳の岩場周辺も華やかに彩られている。ケイビランなどの葉が淡い黄色に染まり、その葉が陽に透かされて輝き、浮き上がった葉脈がとても美しく見えている。永田岳の稜線に出ると、小さなススキの穂もすでに出そろい、島の山頂や稜線には、豊かな秋が訪れていた。

歩いてくる途中で、何度も花崗岩の巨石や岩峰《がんぽう》を見つめた。それは

巨石や岩峰の上に、こんもりとした森ができていたからだ。そのような危うい場所で樹々たちが葉を落としていく季節が、今年もまたやってきたのだ。居心地が決していいとは思えない場所で、そして、さまざまな制約の中で静かに生き続けている樹々たちは、ほんとうにまっすぐに生を生きているように思う。そしてその場所で、どのような想いを抱き続けてきたのだろう。

春、この頂《いただき》周辺は、まだまだ枯れ葉色をしている。しかしつぶさに見ていくと、コケの隙間からはマイヅルソウが葉を広げ、気の早いリンドウが咲いていたりする。そして夏にいたるまで、一見ササやススキだけしか生えていないように見える場所でも、植物たちがたくさん立ちあらわれては蕾をもち、花を咲かせ、実をつける。確かな一年を積み上げ死を積み重ねた場所に、それぞれの植物たちは生きている。森の中に充ちているいのちの温もりが、この稜線や岩場にも充ちているのを感じる。森と、ここに生きているものたちは、隔たってはいるけれど、お互いに感応しつつ生きているのだと思う。

長い時間の積み重なりの中から紡ぎ出されるものの中にこそ、私たちが手放してしまった豊かさがあるのだ。巨石の上に森を築き上げてきた樹々を前にして、一年をしっかりと生きた証として葉を落としていく樹々の放つ光の輝きを、私たちは今どのように受けとめればいいのだろう。樹々に学びながら、確かな歩みを取り戻したいと思う。

温もり

雪になりそうな冷たい雨に、森が濡れて立っていた。葉を落としたミヤコダラには冬芽、そして、しなやかに伸びたヒメシャラの枝先には水滴が宿り、屋久杉の幹を伝って流れる雨が薄闇の森の中で生き生きと輝いている。いつの季節でも輝いている森なのだが、葉を落とした樹々の梢《こずえ》で水滴が光っている今の季節、静けさに充ちているこの森はとても心にしみて美しい。

この静かな森の中の濡れて立っている樹々の間を歩いていると、森との距離が少しずつ縮まって森への扉が開いていくような気がする。雨は、霧雨のような細かい雨となって降り続けている。かすかな水の温もりを確かめようと、さらさらと枝を伝って流れる水を手に受けとめてみた。屋久杉に育つたくさんの植物の間を伝って流れてきた水は、ふかふかのコケの中にしみ込んでいく。そして、長い時間をかけてこの森にふたたび帰ってくるだろう。

冷たくなった自分の手で苔むした屋久杉にふれてみる。その太い幹はゴツゴツと盛り上がり、樹肌には深い皺が刻み込まれている。この屋久杉は、どのくらいここに立ち尽くしているのだろう。はるか昔、倒木の上で芽生えて大きくなり、元の倒木はすでに土に帰ってしまったようで、根上がりの姿で斜面に根を下ろしている。

幹を伝って流れる水。水の流れを想う時、いのちの流れもまた同じように巡っているとしか思えない。このスギの上で、いったいどのくらいの数の植物が生まれては死んでいったことだろう。今でもアオツリバナやヤマシグレなどが、葉を落とした姿で風に揺られている。自分のからだから芽生え育ったものの死を見つめてきたからこその樹の温もり。そして、それらが息づく森の深さ。すくった水の温もりと同じ樹の温もり。豊かさの源が、そこにはあるような気がする。

屋久島の森は、ほんとうにゆっくりと時間をかけて歩きたいと思う。

そうでなければ、森は心を開いてはくれない。自信を持って生きるために、いつかは訪れる自分の死を見つめなさいと、森や樹は教えてくれている。

森の中でテントを張るということは、その森のいのちに抱かれて眠るということ。森を支える水を感じながら、私たちもその巡りの中にあるということを忘れずに、森を歩きたいと思っている。

あとがき

「森の中の小さなテント」は一九九一年、当時の季刊『生命の島』編集人・長井三郎さんから、「人に必要な最小限の広さのテント、立って半畳寝て一畳的世界から見つめた森を通して感じたことを語ってみないか」という誘いを受けて同誌第二十一（一九九一年・夏）号から連載がはじまりました。

当時、指定されたテント場は山小屋の前以外にもたくさんあり、そのような場所で自分以外の人と偶然にもテントを並べることがありました。その頃よく利用した好きな場所に三本杉のテント場があります。楠川《くすかわ》歩道の急な敬神《けいしん》坂を登りきった先にその場所はあり、森の中から流れ出る城之川《じょんこ》の小さなせせらぎが水場でした。三本杉の樹間に抱かれて祠が祀ってあり、島人と奥岳との深い繋がりをまず初めに想う場所でした。

テント泊はいいものです。ゆっくりと時間が流れます。一人で何でもしなくてはなりません。そして、一人で行動するのでたいへん注意深くなり、天気図や地図の読図も必要に迫られてできるようになりました。夜明け、ゴミをザックにしまい、テントの跡が残らないように気をつけてそこをあとにします。そこで夜を明かしたというただそれだけで、森と繋がり合っていると思えるのです。人は自然の一部で、別々のものではないのだよと教えてもらった時、この感覚が鮮明に甦りました。ほんとうにそう思います。

私は屋久島の森が大好きです。森にいると落ち着きます。長い時間の中で育まれた豊かさがそこにあり、感じられるからです。水を通して、森を通して自分のいのちの流れが目に見えます。そのような森を密かに私は「大人の森」と呼んでいます。森に「おまえは大人?」って尋ねられた時、いい返事ができるようにゆっくりと時間をかけて、これからも森を歩いていきたいと思っています。

「森の中の小さなテント」は今も連載中です。季刊『生命の島』編集発行人・日吉眞夫さんには単行本の出版を快く承諾していただきました。そして、野草社の石垣雅設さんとの出会いがなければ、この本は生まれなかったと思います。今回も写真と原稿の仕上がりを気長に待ってくれたブックデザイナーの堀渕伸治さん、フリー編集者の儀辺憲央さん、ほんとうに有り難うございます。豊かな森がたくさんの樹に支えられているように、たくさんの人に支えられて本も写真もでき上がっていることを、いつまでも忘れずにいたいと思います。

二〇〇四年　如月　ツバキの花の盛りに

著者

写真に寄せて　＊数字は掲載ページ

007……森に雨が降り続いている。雨の日は楽しい。雨を受けとめて立っているヒメシャラに自分を重ねた。

011……雨雲が薄くなり雨がやんだ。森の底に光がまわり、それまで気がつかなかった水の粒子。水底に射し込む光と同じもの。

015……たくさんの植物を茂らせて立っている縄文杉。見つめた先にも森が続く。

019……合体木でも一本の樹でも同じこと。森そのものがたくさんの樹の集まりなのだから。私たちもその一部。

023……冷たい水の流れの中にサクラツツジの葉が張り付いていた。葉を落とし、いのちが深まって行く。

027……森に降った雨が土にしみ込んで再び流れはじめた。「ここの水は飲めますか？」と聞かれて、はっとした。

031……倒木を包み込むコケの厚み。朽ちていくものの温もりとコケの温もりが交じり合う。その温もりに抱かれ新たないのちが育まれる。

035……台風で折れてしまった白骨樹。長い時間をかけて土に還る。

039……稜線のところどころに孤立したように生きているスギ。この場所で次の世代を育めるかどうかは私たちに委ねられている。

043……森がいのちを手渡している。

047……久しぶりの夕焼け。森と一緒に見つめていた。

051……ここで何があったのか、どのような想いを持って島人たちはここで働いていたのだろう。伐り株と倒木から伝わる言葉は深く心に響く。

055……枯れた屋久杉は風雪に磨かれて銀色に輝いている。それらを見ていると、いろいろな姿が見えてくる。ある時は動物、ある時は自画像。

059……大気の汚染は年々深刻になってきている。酸性雨を含め、複合的に森の樹々は危機にさらされている。

063……寒気が去って青空に包まれた。冬の厳しさの中に立つスギを見ていた。

067……真冬の高塚尾根は雪が深い。北西の風を強く受け、雪雲がひっきりなしに飛んでくる。雪に包まれた森に静かな夜明けが訪れた。

071……花崗岩の隙間からミツバツツジが育っていた。見えない根はどこまで伸びているのだろう。

075……森の中に充たされた霧に包まれてヤマボウシの花が咲いていた。今では、この木はすっかり枯れてしまった。

079……海岸で夜明けを待った。白みはじめた光の中で太古の記憶を刻み続ける岩と照葉樹の森、そして奥岳に続く稜線。いつまでもこのままで。

083……屋久杉の樹液。いのちの姿がここにある。私たちにもあるのだろうか。

087……掘っても掘っても石にぶつかり、懸命に産み場所を探していた。

091……森から流れてきた腐葉土に包まれていたはずなのに、根元を洗われたメヒルギがじつに不安定に立っていた。このメヒルギも今はない。

095……屋久杉の虚に育ったシャクナゲが花を咲かせていた。ともに生きるということではなく、シャクナゲも屋久杉も、そしてその前に立つ自分も同じもの。

099……江戸時代の頃に倒された屋久杉。切り口に残る斧の跡から刃幅五センチほどの斧のように思われた。

103……ヒトモトススキの根に異なる植物が育ち、花を咲かせる。森の中でのいのちの有様をここでも感じる。

107……ミヤコダラの落ち葉。腐葉土になるまでにたくさんの生きものがそこに関わっている。

111……丸い花崗岩の上に育ったたくさんの樹々。そこもまた深い森、そしてそれは屋久島の姿。

115……森に飲み込まれていく林道に感動し、そしてアスファルト道路までもがと驚く。私たちはいったい何をしてきたのだろう。

119……スギなどの植林地として伐られた照葉樹の森が見なおされつつある。役に立たないかどうかなんて誰にも決められない。

123……宮之浦川沿いにトロッコ道があった。玉石を積み上げてあり、屋久杉と人との歴史を想いながら歩いていたのだが、今は壊されて広いアスファルトの道になってしまった。

127……歳を重ねると背負う荷物も多くなる。色づく屋久杉に出会うと、背負っているものの違いに言葉を失う。

131……森に降り続けていた雨に光が射して美しい虹となった。子供の頃に、虹の端っこには宝物が埋まっていると教わった。でも森そのものが宝物だと虹が教えている。

135……森のような姿の屋久杉に自分の未熟さを気づかされた。

139……凍りついた屋久杉の前にいると、不思議とあたたかな温もりが伝わってくる。

山下大明（やましたひろあき）
写真家。一九五五年、鹿児島県生まれ。九二年より屋久島在住。著書に、写真集『樹よ。』（小学館）、同『水の果実』（NTT出版）、写文集『水が流れている』（文・山尾三省、野草社）、同『いつか森で会う日まで』（文・田口ランディ、PHP研究所）、写真絵本『水は、』（おおきなポケット、福音館書店）などがある。

本書は、季刊『生命の島』（屋久島産業文化研究所／有限会社 生命の島）の同名連載より、第二十一（一九九一年・夏）号〜第六十五（二〇〇三年・秋）号に掲載されたものの中から三四編を選び、加筆再構成しました。

ブックデザイン　堀渕伸治◎tee graphics
プリンティング・ディレクター　高柳 昇◎東京印書館
編集　礒辺憲央◎木鶏舎

森の中の小さなテント

二〇〇四年五月一日　第一版第一刷発行

著者　山下大明
発行者　石垣雅設
発行所　野草社
東京都文京区本郷二-五-一二　〒113-0033
TEL 03-3815-1701　FAX 03-3815-1422
発売元　新泉社
東京都文京区本郷二-五-一二　〒113-0033
TEL 03-3815-1662　FAX 03-3815-1422
振替　00170-4-160936
印刷所　東京印書館
製本所　榎本製本

ISBN4-7877-0383-8 C0095

新しい千年への希望　野草社の単行本（発売・新泉社）◎定価は税別

「水が流れている　屋久島のいのちの森から」
山尾三省・文／山下大明・写真　Ｂ６判上製／一〇四頁／一四〇〇円
屋久島の深い森を育む豊かな水の恵み。
島に暮らし、自らの生を見つめ続けた詩人と、
森に通い、いのちの時間を撮り続ける写真家。
二人の作品が織りなす美しい「水」への讃歌集。

山尾三省の作品
「原郷への道」四六判上製／二五六頁／一七〇〇円
「南の光のなかで」四六判上製／二七二頁／一八〇〇円
「アニミズムという希望　講演録・琉球大学の五日間」
四六判上製／四〇〇頁／二五〇〇円
「詩集　祈り」Ａ５判上製／一六〇頁／二〇〇〇円
「詩集　びろう葉帽子の下で」四六判上製／三六八頁／二五〇〇円